U0916809

好妈妈写给青春期女儿的私密手册

小吴妈妈——著

中华工商联合出版社

图书在版编目（CIP）数据

好妈妈写给青春期女儿的私密手册 / 小吴妈妈著. -- 北京 : 中华工商联合出版社, 2018.7
ISBN 978-7-5158-2311-9

Ⅰ. ①好… Ⅱ. ①小… Ⅲ. ①青春期－家庭教育 Ⅳ. ①G782

中国版本图书馆CIP数据核字(2018)第099624号

好妈妈写给青春期女儿的私密手册

作　　者：小吴妈妈
特约编辑：张芳芳
策划编辑：胡小英
责任编辑：李　健
装帧设计：润和佳艺
责任审读：郭敬梅
责任印制：迈致红
出版发行：中华工商联合出版社有限责任公司
印　　刷：大厂回族自治县彩虹印刷有限公司
版　　次：2018年8月第1版
印　　次：2018年8月第1次印刷
开　　本：880×1230mm　1/32
字　　数：160千字
印　　张：8
书　　号：ISBN 978-7-5158-2311-9
定　　价：42.00元

服务热线：010-58301130
销售热线：010-58302813
地址邮编：北京市西城区西环广场A座
19－20层，100044
http://www.chgslcbs.cn
E-mail：cicap1202@sina.com（营销中心）
E-mail：gslzbs@sina.com（总编室）

前言
PREFACE

每个孩子都要经历青春期，大多数父母一听孩子的青春期要来了，就会非常紧张。因为在他们的印象里，青春期就是叛逆的代名词。在这个阶段，孩子的身心都在极速发展，会出现各种各样的问题，他们不知道如何去应对孩子身上层出不穷的问题。而且，有的父母自己青春期时没有得到很好的引导，因此，也不知道如何才能扮演好青春期孩子父母的角色。

实际上，青春期就像孩子曾经顺利度过的婴儿期、儿童期和孩子即将度过的成人期一样，都是人生中必然要经历的阶段。回想自己的青春期，你们是否还记得自己遭遇的那些尴尬、不安与困惑？那些曾经让你们困惑的事情也是孩子即将经历的。作为父母，只要端正心态，坦然地迎接孩子青春期的到来，给孩子多一点爱与理解，就能陪伴孩子顺利度过青春期。

要知道，青春期正是孩子从儿童期向成人期过渡的关键时期，可以说，孩子如何度过青春期对他们的人生会有重要的影响。尤其是对感情细腻、内心敏感脆弱的女孩而言，身体的发育、心理的变化，以及从进入青春期就开始变得更为错综复杂的人际关系，都常常使她们产生无力感。对青春期女孩而言，最幸福的事情就是有善解人意的妈妈陪伴在自己身边，为自己的青春领航，而最糟糕的事情莫过于在青春期的惊慌时刻无人可以倾诉和依靠。这本书既适合妈妈和女儿一起看，也适合爸爸和女儿一起看，对父母了解女儿在青春期身心的发展变化及在学习和生活中有可能遭遇的困境都有很大的帮助。

爸爸妈妈们，当你打开这本书的那一刻，你就已经距离好爸爸、好妈妈更近了一步！

目录
CONTENTS

第一章 青春期女孩的奇妙身体变化

第二章 你没有生病，只是你的“好朋友”来了

性很神圣，暂时不属于你

青春期，女孩的优雅蜕变期

学会保护自己，对自己的安全负责

保持心理健康，做个人见人爱的好女孩

第七章 青春期女孩如何与异性相处

第八章 初恋这件美好的小事

第九章 青春期女孩如何与同学、朋友相处

第十章 青春期女孩如何与老师相处

第十一章 青春期女孩如何与父母相处

第十二章 理智追星，你才是自己人生的领路人

第一章
青春期女孩的奇妙身体变化

与男孩相比，女孩的身体发育要更早一些，尤其是进入青春期之后，女孩的身体变化会非常明显。对女孩而言，提前了解身体将要发生的变化可以帮助她们正确地认知自己的身体，坦然迎接生命的成长，更好地完成自身的蜕变。

1 青春期，女孩最重要的转变期

每一个女孩都是父母掌心的明珠，从出生那一刻起，就在父母无微不至的照顾下不断成长。从襁褓中的婴儿到蹒跚学步的孩子，再到充满悸动的青春期少女，女孩的身体和心理都在发生着巨大的变化。进入青春期之后，面对身体的各种变化和情绪的不时波动，女孩会产生很多烦恼，甚至对生命产生很多困惑。

青春期是人从童年向成年过渡的时期，也是身体的各项机能尤其是性机能由不成熟逐渐走向成熟的时期，对每个生命个体来说都很重要。在这个过程当中，地域的自然环境、地区的社会稳定程度、家庭的生活条件等因素会对人体的发育产生不同程度的影响。对女孩来说，这些因素会影响青春期的到来时间和进程。

通常情况下，女孩的青春期到来得比男孩要早。10岁左右，女孩就进入了青春早期，开始快速发育；2～4年后进入青春中期，出现月经初潮；再过2～4年，女孩的发育基本成熟。青春期的早中晚三期，每个时期维持2～4年，具体时间因人而异。

进入青春期之后，女孩有很多显著的改变。首先，女孩的身体会快速长高，体重也会明显增加。因此，女孩在青春期需要保证充足的营养摄入和睡眠，并且适当地进行体育锻炼，以提高身体素质，让女孩达到理想的身高。其次，女孩的体态会发生明显变化，身材曲线会越来越明显，较之前更加丰满。在这个以瘦为美的年代，很多女孩担心自己变胖，在青春期采取节食、过度锻炼的方式减肥，反而违背了人体的生长规律，导致发育迟缓滞后。这个时候，父母一定要帮助女孩养成良好的饮食与健身习惯，帮助女孩健康地成长。最后，除了以上两个方面的显著变化外，青春期女孩还有很多其他变化，诸如肺活量增加，嗓音变得细而圆润，智力快速发展等。

面对青春期的变化，女孩如果能够做好心理准备，有的放矢地让自己在此阶段中快速发展，那么一定能让成长事半功倍。反之，如果女孩对生命的规律毫不了解，很有可能会惊慌失措，甚至排斥身体上的各种变化。因此，作为过来人的妈妈一定要及时给女孩普及青春期的生长发育知识，当好女孩成长的领路人，为女孩的成长保驾护航。

②—— 别害怕，身体的这些变化都是正常的

娜娜是个飞毛腿，每次学校组织运动会，她都会参加。其中，百米赛跑和四百米接力是娜娜的优势项目。然而，六年级时，娜娜却不愿意再报名参加运动会了。老师几次三番做娜娜的工作，她总是摇头，一句话也不肯说。为此，老师只好联系娜娜的妈妈："娜娜可是我们班里的运动强人啊，要是娜娜不参加，这次运动会班级的名次一定会下降的。我想让您帮忙了解下情况，毕竟我是老师，娜娜有心事不好意思跟我说。"

接到老师的电话之后妈妈就开始琢磨：难道女儿初潮了？不对啊，女儿初潮肯定会告诉我的，不然她自己怎么处理呢？那是为什么呢？妈妈百思不得其解，决定回家跟娜娜好好谈谈。

晚上回到家，妈妈问起娜娜为什么不愿意参加运动会，娜娜的脸上飞上了两朵红霞。妈妈试探着问："你是不是来月经了？"娜娜把头摇得像拨浪鼓一样。妈妈又问："那么，你为什么不参加运

动会了呢？”娜娜支支吾吾半天，还是没说明白。妈妈耐心地开导说：“没关系的，你已经到了青春期，身体和心理都会发生很多变化。告诉妈妈你遇到了什么问题，让妈妈帮你一起解决，好吗？”娜娜这才满脸通红地指了指自己的胸部，说：“这里，跑步的时候晃动太厉害，体育课上同学们都盯着我看。”看着女儿微微鼓起的胸脯，妈妈恍然大悟，说：“女儿啊，这是因为你长大了，这是女人的美丽之处，没有什么值得羞愧的。不过，你倒是提醒了妈妈，你该穿内衣了，这样就不会难堪尴尬，也就可以放心大胆地跑步了。”说完，妈妈就拿来卷尺，为娜娜量了上胸围和下胸围。随后，妈妈语重心长地告诉娜娜：“乖女儿，你正在长身体，这些身体的变化都是很正常的，以后你还会发现自己的腋窝和阴部会长出毛发，还会来月经。遇到这些情况，你都要及时告诉妈妈。妈妈会为你准备好卫生巾和其他用品，也会告诉你如何应对的。从今以后，你就要长成大姑娘了。”娜娜用力地点了点头，说：“谢谢妈妈。”

青春期女孩会面临各种成长与变化，因为羞怯与难为情，她们往往不会主动向妈妈诉说自己的苦恼。在这个阶段，妈妈应该更加细心地观察女孩在生理和心理上的变化，及时提供帮助与支持。事例中，娜娜因为乳房发育，生怕被同学们关注和嘲笑，导致不敢跑步。实际上，正如娜娜妈妈所说，乳房是女性美丽的象征，不必感到害羞，只要穿上松紧适度的内衣，依然可以正常地跑步。

乳房变得隆起，臀部变得凸出，说话的音调变高，这些改变都会随着青春期的到来悄然来临。面对这些变化，敏感的女孩会觉得非常害羞，根本不知道如何处理。尤其是乳房的发育往往让女孩感到尴尬，不敢快速奔跑。这时，妈妈应该及时为女孩选购合适的内衣，一则能够帮女孩缓解尴尬，二则能够帮助女孩健康发育。

总而言之，妈妈是女孩成长的守护神，当女孩因为身体的发育情况而紧张不安时，妈妈一定要及时向女孩讲述青春期知识，帮助女孩顺利度过青春期。如果妈妈觉得直接和女孩讲述青春期知识有些难为情，那么也可以选购一些关于青春期知识的书籍，让女孩更好地从书本中了解和认识青春期，从容地度过青春期。

③—— 胸部肿痛别慌张，你的乳房正在发育

自从妈妈为娜娜买了合适的内衣，娜娜再也不担心隆起的乳房会随着剧烈运动而不停地颠簸了。娜娜顺利参加了学校的运动会，并且夺得一百米冠军，也在四百米接力赛中跑出了精彩的第一棒。然而，没过多久，娜娜觉得自己的胸部开始胀痛，而且有时候还有些痒。娜娜不知道怎么了，非常担心，上课时也神思恍惚。

一个周末，娜娜和妈妈一起去逛街。走着走着，娜娜的乳房又胀痛起来，她不由得皱起眉头。妈妈察觉到娜娜的异常，问："娜娜，你脸色很不好，怎么了？"娜娜想起妈妈曾经的话，便告诉妈妈："妈妈，我最近觉得胸部有些疼，还很胀。"妈妈对娜娜说："娜娜，乳房正处于发育的阶段，要不断地长大，这不是病，青春期女孩都会遇到这种情况，你不要担心，放松一些，等乳房发育好，这种不适感就会消失了。"娜娜问妈妈："妈妈，乳房什么时候才能发育好呢？"妈妈想了想，说："这个因人而异，有的女孩

发育得快一些，有的慢一些。你还会发现，渐渐地，你的乳头范围会变大，颜色会变深，而且整个乳房都会变得更圆润。乳头周围有的时候会有硬块出现，而且很胀痛，这个阶段你要注意，不要挤压乳房，要保护好乳房。”娜娜满脸羞红说：“妈妈，现在这样我都觉得很难堪了，要是继续长大，岂不是更难为情了？”说完，娜娜还下意识地把肩膀缩起来，含胸藏起自己的乳房。妈妈对娜娜说：“娜娜，乳房是女性美丽的象征，不要因为害羞就含胸驼背，否则以后身体就会变形，体态就不优美了。你看看那些舞蹈演员或者模特，哪一个不是抬头挺胸的呢？这样身姿才挺拔优美，也才能展示女性的美丽啊！”娜娜若有所思，问妈妈：“有没有什么办法缓解胀痛呢？”妈妈摇摇头，说：“没有特别有效的办法，只能等待乳房发育成熟。不过，要保持心情愉悦，尽量避免挤压乳房，上课时不要用乳房抵住课桌，洗澡时不要用力揉搓，这样能够稍微缓解不适。”听了妈妈的话，娜娜点了点头。

每个女孩都会经历迷惘的青春期，身体的各种变化和不适让她们应接不暇。有的女孩因为害羞不好意思向妈妈倾诉烦恼，甚至会逃避妈妈的询问，认为自己与其他人不同或是得了什么怪病，从而产生紧张和焦虑的情绪，将自己封闭起来。这些不好的情绪会对女孩的成长产生非常严重的影响，因此，好妈妈要学会为女孩答疑解惑，积极引导女孩顺利度过青春期。就上文中的案例而言，乳房隆起作为女孩身体发育的显著变化需要引起女孩的关注，因而在陪伴和引导女孩成长的过程中，妈妈要及时向女孩讲解关于乳房的知识。

实际生活中，很多妈妈在自己的青春期内没有得到正确的引导，因此，很容易忽视女儿的青春期。青春期对孩子的成长至关重要，妈妈一定要树立正确的教育观念，多多关注女孩的情绪变化，多学习必要的成长知识，这样在女孩遇到困扰时才能够积极引导她们摆脱烦恼。

④—— 学会保护乳房，为自己选择合适的内衣

半年之后，娜娜升入了初一，她发现自己的胸部经常被内衣勒出印，胸部的胀痛更明显了。一个周末，娜娜告诉妈妈："妈妈，我穿上内衣之后觉得胸部很闷，而且经常被勒出印，是不是内衣不合适了啊？"妈妈说："娜娜，你一定是生长发育太快了，需要更换大尺码的内衣了。"说完，妈妈拿来卷尺就要为娜娜测量。

娜娜有些难为情，说："妈妈，直接买大一号不就可以了吗？"妈妈摇摇头，说："当然不行，这需要测量你的上胸围和下胸围。不然，买到的内衣不但穿着不舒服，还会影响胸部的正常发育。"娜娜对妈妈说："妈妈，那您教我怎么测量吧。我都这么大了，也不能总是让您帮我测量。如果学会测量，以后我就可以自己买内衣了。"妈妈笑着说："当然好呀，我的女儿长大了。"

妈妈拿出卷尺，告诉娜娜："下胸围就是你贴合肋骨测量的胸围。之前我为你购买的内衣是75A，这个75，就是下胸围，指的是你

的下胸围为75厘米。你说有勒痕，就是下胸围小了。现在你来量一下，注意卷尺在后背要和前胸以下尽量保持水平，这样测量结果才比较准确。”娜娜按照妈妈的指点测量，果然，她的下胸围已经80厘米了。妈妈说：“这样，你在购买内衣的时候，下胸围就要选择80厘米的。然后，上胸围对于胸部发育更重要，上胸围小了，会束缚胸部发育，大了，则无法起到支撑胸部和保护胸部的作用。”妈妈拿起卷尺为娜娜做示范，告诉娜娜上胸围就是经过乳头的平行的圆圈。然后根据这个尺寸来选择罩杯的尺寸，如果上胸围比下胸围长10厘米左右，就选择 A 罩杯；长12.5厘米左右，就选择 B 罩杯；长15厘米左右，就选择 C 罩杯；长17.5厘米左右，就选择 D 罩杯；长20厘米左右，就选择 E 罩杯；长22.5厘米左右，就需要去专门定做，或者选择特别加大的内衣……听完妈妈的话，娜娜惊讶得合不拢嘴：“妈妈，您知道的真多啊。”妈妈量完尺寸告诉娜娜：“难怪你觉得勒呢，你之前是75A，现在需要80B 了。如果喜欢漂亮的内衣，你可以选择蕾丝的，不过，妈妈觉得纯棉的更舒服，你都是大姑娘了，自己去挑选吧！”娜娜拿着量好的尺寸和女同学相约一起去选购内衣了。

青春期女孩的胸部发育很快，一个尺寸几个月或者半年后就不适用了。正如事例中的娜娜妈妈所说，尺寸不合适的内衣不仅穿着不舒服，还会影响胸部的正常发育，因此，买内衣之前一定要先测量胸部尺寸。妈妈既可以亲自为女儿测量胸部尺寸，为她们购买合适的内衣，也可以教她们测量的方法，让她们自主购买。有的女孩觉得难为情，不好意思让妈妈或其他人帮助测量，总是买到不合适的内衣，妈妈要帮她们克服害羞，让她们学会正确地测量。

合适的内衣可以起到良好的支撑作用，帮助女孩缓解胸部不适，但是穿戴内衣并非越早越好，通常情况下，女孩在14岁前后开始穿戴内衣。但是，如果乳房发育还没有达到一定的程度，内衣会束缚女孩的乳房发育，甚至擦伤女孩娇嫩的乳头，妈妈需要根据女孩的乳房发育情况来决定穿戴时间。当然，如果班里的女孩都已经穿上了内衣，那么出于集体认同感的需要，也可以提前让女孩穿戴适度宽松的内衣，从而让她们不那么另类，更好地融入集体之中。

如今，内衣的材质有很多，女孩选购时除了要看尺寸外，也要看材质。例如，纯棉的内衣最舒服，柔软吸汗；蕾丝的内衣最漂亮，能够满足女孩对美丽的追求。需要注意的是，现在的很多内衣都有海绵衬垫，这样的内衣更适合发育成熟的女性，对发育中的女孩并不合适，所以妈妈和女孩要慎重选用。另外，妈妈要告诉女孩晚上睡觉时一定要把内衣脱下，否则会压迫乳房组织，导致血液循环不畅，使乳房发育受限制。

总而言之，青春期女孩不但身体快速发育，心理也处于微妙的发展和变化之中。女孩要根据自身的情况，恰当选择穿戴内衣的时机，从而给自己的身体发展提供更好的条件，让自己身心愉悦、健康茁壮地成长。

⑤—— 腋下和阴部开始冒出可爱的小毛毛

一天，娜娜在洗澡时发现自己的腋窝下面长出了小毛毛，而且阴部也有了柔软的阴毛。这些小毛毛很细密，看起来只比汗毛略微长一些。娜娜不由得很惊慌，她当即喊妈妈："妈妈，妈妈，快来看啊，我这是怎么了？"妈妈不知道发生了什么事情，赶紧跑到洗澡间。看到娜娜惊慌失措地指着自己的腋窝，妈妈不由得长吁一口气，说："吓死我了，我还以为怎么着了呢！"娜娜又指了指自己的阴部，说："还有这里！"妈妈笑着说："没关系的。这和你的乳房一样，正处于发育之中呢！成年人都有腋毛和阴毛。这两个部位很容易摩擦和出汗，有了毛发之后，你的腋窝和阴部就能减少摩擦，而且有助于排汗。"

娜娜对妈妈的话似懂非懂："您的意思是这些毛毛还会变得更长？"妈妈点点头。娜娜很忧愁地说："那我还怎么穿裙子啊，一抬胳膊就被人看到了呀。"妈妈笑了说："穿裙子的话，可以选有袖子的裙子。如果穿无袖的，可以把腋窝的汗毛除掉。不过你正处于发育期，还是不要盲目地除掉汗毛，否则对发育不好。等到长大之后，爱美了，可以除掉腋窝的毛发。”妈妈的话安抚了娜娜惊慌的心，后来妈妈又找出相关资料给娜娜看，娜娜这才真正了解了身体构造和发育原理。

除了腋毛和阴毛之外，实际上人体的大部分皮肤都布有汗毛。而与汗毛不同，腋毛和阴毛比普通汗毛更长。大部分成年男性和女性都有腋毛和阴毛，这两种毛发都是因为体内开始分泌雄性激素而生长的。腋毛和阴毛同样有助于汗液散发，并且能够减少局部摩擦。因为每个人的身体状况不同，所以这两种毛发的颜色和浓密都有显著区别。

作为人体的第二性征，大多数青春期少女都会长腋毛和阴毛。本身体毛就较重的女孩，腋毛和阴毛会更浓密，这都是青春期发育的正常现象，无须惊慌。通常情况下，女孩的腋毛和阴毛会在十岁之后逐渐长出来，刚开始时稀疏且颜色浅淡，随着年龄增长会不断增多，颜色也越来越重。少部分女孩即使成年之后仍然没有阴毛，这也是正常现象。只要身体发育没有异常，就不用过于担心。总而言之，每个青春期女孩的身体发育情况都是不同的，只有了解青春期的知识，女孩才能从容应对青春期的身体发育情况，迎接自身的不断成长和成熟。

⑥—— 如何摆脱恼人的青春痘和雀斑

一天放学回家，娜娜伤心地扑到妈妈怀里哭了起来。她对妈妈说："妈妈，我什么时候才能不长青春痘啊？这些可恶的痘痘，简直烦死人了。今天，班里一个同学居然给我起了个外号，他说我以后就该叫'豆豆'。"看着娜娜伤心的样子，妈妈摩挲着比自己还高的女儿的脑袋说："你现在讨厌青春痘，以后还会怀念青春痘呢！等你过了青春期，你想长青春痘也长不出来了。到时候，你就会非常怀念青春期。"娜娜擦干眼泪，不以为然地说："我才不会呢，我只盼望着可恶的青春痘赶紧滚得远远的，这样我的皮肤才能光滑起来，再也不会被人叫作'豆豆'啦。"

妈妈看着娜娜恨不得马上摆脱痘痘的样子，觉得很无奈。前一段时间，娜娜因为挤嘴唇上方的痘痘，导致嘴唇上方发炎，脸部红肿。妈妈带着娜娜去看医生，医生对娜娜说："嘴唇上方属于面部的危险三角区，一定不要挤压这个区域的痘痘，否则会引起发炎，导致严重的后果。”娜娜纳闷地问：“什么叫危险三角区？”医生说：“面部危险三角区指的是从嘴角两侧向鼻子根部延伸形成的区域。这个区域是三角形的，所以叫危险三角区。三角区内一旦发生炎症，有可能传播到颅内，导致严重的并发症。”医生一边说，一边在娜娜的面部划出相应的区域，并且示意娜娜炎症传播路径。娜娜意识到问题的严重，表情严肃起来，当即表示自己再也不会随意挤压青春痘了。

在吃了医生开的消炎药物后，娜娜的面部红肿才有所好转。妈妈也告诉娜娜，挤压青春痘还会留下疤痕。娜娜苦恼地说：“青春期可真是麻烦啊。”妈妈笑着说：“青春期就像黎明前的黑暗，没有青春期的‘丑’，哪来长大之后的美丽呢！其实，青春期的‘丑’也是别样的美丽啊！”妈妈说得娜娜破涕为笑：“妈妈，您这么一说，我倒觉得这是青春期的勋章了！”妈妈说：“当然，这就是青春期的勋章啊！你这么想，就不会觉得苦恼了。妈妈会给你买控油洁净的洗面奶，只要保持面部清洁，青春痘也会好一些。总之，为了美丽也为了健康，不能随便挤痘痘。”娜娜抿着嘴巴笑了，点点头。

青春期女孩都是非常爱美的，当脸上长满青春痘或雀斑时，她们的内心往往变得更加敏感，生怕别人会因此对自己指指点点。实际上，青春痘是一种皮肤病，是由于毛囊皮脂腺炎症导致的。青春期女孩因为皮脂分泌过多，再加上面部或者背部、前胸等部位毛孔堵塞，往往会形成青春痘。有的时候青春期女孩内分泌失调，或者因为饮食辛辣油腻等，都会长青春痘。等青春痘炎症过后，因为色素沉着，也会导致女孩的脸上出现雀斑。任何一个女孩都不喜欢自己的脸一片红肿，凹凸不平，但是青春痘是不可避免的，尤其对油性皮肤的女孩而言。所以青春期女孩一定要摆正心态，不要因为面部状况而影响自己的心情。唯有保持心情愉悦，青春痘才能得到有效缓解。

雀斑的产生一则是因为青春痘的色素沉着，二则是因为常染色体显性遗传。皮肤暴露在阳光之下会加重雀斑，对女孩造成困扰。需要注意的是，青春期女孩正处于生长发育的关键期，选择护肤品时要根据自己的皮肤状况决定，不能随便听信护肤品的广告效果，否则买到不合适、不正规的护肤品，不仅会使雀斑更严重，还会损害皮肤自身的机能。

不管是青春痘还是雀斑，青春期女孩都应该坦然面对，要知道只有先当好灰姑娘，日后才有可能成为美丽的公主。然而很多女孩因为青春痘和雀斑心神不宁，导致学习成绩下降，这显然是得不偿失的。面对糟糕的皮肤状况，青春期女孩只需要做好基本的皮肤护理，然后保持良好规律的作息，避免精神紧张和焦虑，饮食健康清淡，少吃甜食和辛辣油腻的食物，不抽烟，不喝酒，保持身体的正常代谢就好了。

7 增强自控力，不做青春期胖女孩

婴儿时期，娜娜就是个肉嘟嘟的小家伙。随着不断成长，她的婴儿肥一直伴随着她，让她成了他人口中的“小胖妞”。在小学阶段，被叫作“小胖妞”并没有使娜娜感到苦恼。然而，进入初中之后，娜娜看着身边苗条的女生们都穿着漂亮的裙子，才开始因为自己圆滚滚的身材而自卑。

有一天，娜娜正与几个女生在一起聊天，说起小美新买的裙子，大家纷纷表示要去买和小美一样的裙子，娜娜也在其中。不想，有一个路过的男生突然说：“娜娜，你那么胖，还是不要穿这种裙子了，穿了也不好看。看看你魁梧的身材，你根本不应该和这些瘦女生在一起，而应该加入我们男生的阵营。”娜娜被气得七窍生烟，恼火地哭了起来。她发誓，一定要让自己瘦下去。

当晚吃饭的时候，娜娜把妈妈给她盛的饭拨出去一大半。妈妈不解，娜娜说：“从今天开始，我要减肥，我要和班里的那些瘦女生一样美丽。”妈妈心疼娜娜，告诉娜娜可以晚一些时候再减肥，娜娜却哭着说：“我都被笑话了，我必须马上减肥。”妈妈看到娜娜这么坚决，只好支持娜娜：“好的，妈妈会给你做一些减肥餐，但是减肥可不是单纯节食，必须配合运动才能有好的效果。一味节食，不但会耽误身体发育，还会导致内分泌失调，出现各种状况。”在妈妈的引导下，娜娜开始健康减肥。

除了吃一些健康的减肥餐之外，妈妈每天早晨还会陪娜娜一起跑步。在运动和适度节食下，娜娜的体态越来越匀称。妈妈语重心长地对娜娜说：“娜娜，你的身材现在已经很匀称了，我觉得接下来保持就好，不要盲目地追求瘦。因为青春期身体正处于快速发展之中，太瘦了身体就没有足够的脂肪含量，会影响发育。而且，只要身体健康，体态匀称，就是最美的。你看看，你现在活力四射，浑身都散发着青春美丽的气息呢！”娜娜点点头，觉得妈妈说得很有道理。

现代社会很多人都盲目地追求瘦，很多女孩为了追求骨感故意节食，结果影响了身体发育，让自己变得弱不禁风。其实，不管是青春期女孩还是成年女性，盲目节食减肥都是不可取的。

当然，青春期女孩因为生长发育速度快，往往在不知不觉间进食过量，导致身体发胖。和过瘦一样，过于肥胖当然也是不好的，对身体同样有害。而且因为肥胖，很多女孩会产生自卑心理，在与同学的交往过程中受到或多或少的伤害。因此，控制体重不仅是为了健康着想，也是为了能够帮助女孩建立自信乐观的心态。毕竟，美是由内而外散发出来的，唯有身心健康，青春期女孩才会拥有美好的人生。

第二章
你没有生病，只是你的“好朋友”来了

在青春期的身体变化中，以月经的到访让女孩最为慌张。实际上，月经是从青春期开始就会陪伴女孩大半生的“好朋友”。对于“好朋友”的造访，女孩只要做好充分准备，就不会慌张失措。

①—— 月经是陪伴每个女孩成长的好朋友

14岁生日刚刚过完，有一天，小美突然感觉自己的内裤湿漉漉、黏糊糊的。她去卫生间检查后发现自己的内裤上居然有血迹，不由得胆战心惊。而且，小美的小腹特别痛，汗水也顺着头发梢流了下来，她觉得自己一定是生病了，因而情不自禁地哭了起来，赶紧向老师请假，让老师通知妈妈。

得知女儿小腹绞痛，妈妈赶紧请假来接女儿去医院。在去医院的路上，小美才告诉妈妈自己的“屁股”流血了。小美带着哭腔说：“妈妈，我一定是生病了，而且是很重的病。”出乎小美的预料，原本紧张的妈妈却笑了起来。小美很伤心：“妈妈，我都生病了，我都流血了，一定是快死了。”妈妈慈爱地抚摸着小美的头，说：“傻丫头，你长大了，你初潮啦。”小美疑惑地问：“初潮是什么意思？我觉得我就像电视上的女人生孩子那么疼。”妈妈说：“前面有药店，妈妈去买点儿药给你，等回家了，妈妈再详细讲给你听。”小美很害怕：“我们不去医院了吗？我不需要看医生吗？”妈妈摇摇头，说：“妈妈知道你需要吃什么药，放心吧！”

妈妈在药店买了益母草颗粒，路过超市的时候还买了红糖。回到家里，妈妈先教小美如何使用卫生巾，又给小美喝了益母草颗粒，还给小美喝了红糖水。然后，妈妈对小美娓娓道来：“初潮就是第一次来月经。月经是女人一生的好朋友，之所以叫作月经，是因为每个月都会来一次，就是‘流血’几天，然后就好了。只要是健康的女性，就会有规律地来月经。”小美惊讶地张大嘴巴：“每个月都会流血好几天，不会把血流干了吗？”妈妈说：“当然不会。月经不是新鲜的血液，而是成熟的子宫里每个月排出来的污血。子宫就是女性身体里的一个小房间，未来也是胎儿的家。每个月子宫的内膜都会脱落，流出体外。月经的到来意味着你的身体进入了性生理发育期，也就是说你即将拥有生育孩子的能力。”

听到这句话，小美害羞地低下头：“但是，我还很小啊。”妈妈趁机告诉小美：“所以你要好好保护自己，爱惜自己，从此之后你就走向成熟了。”小美兴奋地连连点头。

从青春期开始，在卵巢分泌激素的作用下，女孩的子宫内膜就会进行周期性变化，每到一定的周期就会脱落出血。女孩第一次来月经叫作初潮，很多女孩因为此前不知道月经，所以会很恐慌。初潮到来的时间因为地域环境的差异和女孩自身身体情况的不同，也有差异。通常情况下，女孩初潮出现在12～18岁。有些发达地区或者是热带地区，女孩初潮的时间会更早。

需要注意的是，在刚刚来月经的时候，女孩的卵巢和子宫发育还没有完全成熟，所以在最初几个月甚至几年的时间里，有的女孩会出现月经不规律的情况。另外，生活环境的改变、学业压力的增大也会影响月经的规律性。在这种情况下，女孩一定要保持愉悦的心情，学会疏导压力，让自己的月经更有规律。

实际上，初潮并非突如其来的，如果妈妈们能细心一些，就会从女孩的身体变化中预感到女孩的初潮即将到来，也能够提前给女孩做好迎接初潮的准备。例如女孩的身高、体重突然增加，还长出了腋毛和阴毛。而且，在初潮到来之前，女孩还会有白色的分泌物，也就是很多女性都有的白带。有些女孩初潮时并不会有鲜红的经血，有可能只是少量咖啡色的分泌物；有的女孩初潮时月经量就比较大，经血的颜色也比较红。这都是因人而异的。总而言之，月经是陪伴青春期女孩不断成长的“好朋友”，面对初潮的到来，妈妈一定要引导女孩心情愉悦地接受，帮助女孩从容应对身体的变化。

②—— 如何选择、使用卫生巾和卫生棉条

初潮之后，小美有三个月都没有等来“好朋友”。妈妈不是说“好朋友”每个月都会来一次吗？小美很纳闷，她将自己的疑问告诉了妈妈，妈妈说：“放心吧，你的‘小房子’才刚刚开始发育，还没有那么守时呢！你只要心情愉悦，‘好朋友’总会来的。”

果不其然，到了第四个月，小美正在上课，突然感觉一股温热的液体从体内流出。她赶紧向老师请假跑到卫生间，“好朋友”果真来了，小美拿出备用的卫生巾，及时处理，避免弄湿外裤。小美很快发现，妈妈为她准备的卫生巾不够用，有的时候一节课下来，卫生巾就不堪重负。小美告诉妈妈：“妈妈，我的卫生巾似乎太小了，一节课就完全湿透了。”妈妈关切地问小美：“你觉得头晕吗？如果月经量大，就会有轻微的贫血。”小美摇摇头，说：“一切正常。”妈妈说：“你之前月经量比较少，所以妈妈为你准备的是量小时用的。实际上，卫生巾分很多种呢！例如，月经第一天量

少可以用比较轻薄的，第二、第三天量比较多，可以使用厚一些的卫生巾，等到第四天和第五天，量又变少了，可以继续用轻薄的，第六天还会有很少的分泌物，这种情况下可以使用护垫。”在妈妈的讲解下，小美了解了卫生巾的不同种类。

妈妈还告诉小美：“卫生巾一定要用大牌的，质量比较有保证。如果使用杂牌的卫生巾，质量不好的话很容易导致细菌感染，患妇科疾病。”小美若有所思地点点头。

随着月经的到来，女孩渐渐成长和成熟起来，与此同时，她们的各种麻烦事也来了。每个月，在“好朋友”到来的那几天，女孩都必须注意个人卫生。作为应对月经的必需品——卫生巾，对女孩安全度过月经期是非常重要的。如今，市面上的卫生巾特别多，在经济条件许可的情况下，女孩一定要使用质量好的卫生巾，从而保证经期健康。

女性的生殖系统非常脆弱，很容易受到外界不洁环境的侵犯。特别是在月经期间，女孩的生殖器官抵抗力很差，因此需要选择优质的卫生巾。此外，还需要注意的是，很多女孩为了节省卫生巾，总是等到有小便的时候才更换卫生巾。实际上，卫生巾沾染经血后就会变成细菌的温床，哪怕没有小便，卫生巾也要每一两个小时就更换一次。当然，如果在量多的情况下，就要更换得更加频繁一些。此外，量少的时候也不要觉得卫生巾还没有很脏，就不更换。

及时更换卫生巾，对女孩的经期安全有很大的保障。

卫生巾的种类有很多，有的女孩喜欢使用干爽网面的卫生巾，实际上，柔棉表层的卫生巾更透气、更健康。另外，在购买卫生巾时还要注意看卫生巾的保质期，存放时间过长的不宜使用。在“好朋友”到来的日子里，很多女孩为了方便，会把卫生巾放在卫生间里随取随用，实际上这是不对的。卫生间潮气比较大，通风不好，卫生巾长期放在里面很容易吸收潮气，发生品质变化。正确的做法是把卫生巾放在干燥的地方，去卫生间的时候再拿。在更换卫生巾之前，还要注意清洁手部，避免沾染细菌。

如今，卫生用品越来越多，也有一些新型的卫生用品引起了女孩的兴趣，如卫生棉条。对青春期女孩而言，卫生棉条的使用一定要慎重，如果使用不当，会把细菌带入阴道和宫颈。当然，到底是选择卫生巾还是卫生棉条，就要看个人了。在选购过程中，妈妈一定要给予女孩切实有效的指导，从而帮助女孩更好地保护生殖系统，健康成长。

③—— 经期分泌物有血块正常吗

来过几次月经之后，小美的月经越来越规律，小美也能更加熟练地应付月经的到来，再也不会手足无措了。然而，有一次“好朋友”到访时，小美突然觉得腹痛难忍。初潮时腹痛之后，小美还从未腹痛过。因而，她不得不向妈妈求助。妈妈让小美注意观察自己的经血，小美在更换卫生巾的时候，突然发现用过的卫生巾上有一个大血块。之前从没出现过这种情况，因而小美赶紧喊来妈妈。看到血块，妈妈恍然大悟：“难怪你这次肚子疼呢，和这血块有关系。”

小美纳闷地问：“为什么以前没有，而这次就有呢？”妈妈询问小美：“你这次‘好朋友’到访之前，有没有吃冰凉的东西？”小美回想一下，说：“这次我的‘好朋友’提前了四天来，我在来的头一天吃了一个冰激凌！”妈妈说：“这就是了。女人的子宫特别怕冷，尤其是在‘好朋友’到访的时候子宫会更加脆弱。你吃了冷的东西，导致子宫受寒，经血排出不畅，所以就成血块了。”

听了妈妈的话，小美很紧张：“那该怎么办呢？不会就这样留在身体里了吧！”妈妈说：“还记得你初潮时妈妈给你喝的益母草颗粒吗？”小美点点头。妈妈说：“益母草能活血化瘀，对于痛经、经血结块都有很好的缓解作用。你赶紧去冲一杯喝吧，以后哪怕不觉得痛经，在‘好朋友’到来时，也可以作为保健方法，多喝几杯。”小美恍然大悟。果然，在喝了益母草之后，她的痛经有所好转，血块也消失不见了。

月经期间青春期女孩往往会感到非常燥热，甚至想要喝冷饮、吃凉物。在这种情况下女孩一旦吃了生冷的东西，就会发生痛经。实际上，女性的子宫最怕寒冷，要保证子宫处于温暖状态，女性的身体才会更健康。所以在日常饮食时，青春期女孩不要贪凉，要保持规律作息，调理好自己的身体。偶尔有血块出现，也可能是大量经血积压，没有及时排出体外形成的，只要月经周期规律，没有严重的痛经现象，可以不必放在心上。但如果经血中有大量血块，并且伴随痛经，那么就要寻求医生的帮助，及时调理身体。

月经期间青春期女孩还应该保持心情愉悦，饮食方面要避免辛辣和刺激的食物。月经中偶尔出现血块是正常现象，如果其他方面一切正常，就可以基本排除患子宫疾病的可能，无须惊慌。只要能够保证健康合理的饮食、规律的作息及愉悦的心情，青春期女孩就能健康成长。

④ 每个女孩经期都会腰酸、腹痛吗

一天下午，正值生理期的小美在放学前的最后一节课上突然发生严重的痛经。小美疼得话也说不出来，痛苦地趴在桌子上。好不容易才挨到下课，小美赶紧给妈妈打电话，让妈妈来学校接她，因为她已经痛得连路都不能走了。

看着小美煞白的脸，妈妈心疼地说："闺女，你真是随了妈妈，我一直就担心你和妈妈年轻的时候一样痛经。"小美纳闷地问："妈妈，什么叫痛经？"妈妈说："痛经，就是每次'好朋友'来的时候，都会觉得肚子疼，而且腰也很疼。以前妈妈的一个朋友，'好朋友'一来，就要躺在床上好几天，根本起不来床，疼得满床打滚。"小美担心地说："妈妈，我不会一辈子都这么疼吧？"妈妈摇摇头，说："等你长大了，就会好了。以后，每次来例假之前妈妈提前给你喝益母草，应该能缓解一些。回家之后，妈妈用热水袋给你捂一捂，再弄些热水给你泡脚。"妈妈采取一系列措施之后，小美觉得自己腹痛的症状缓解一些了。

很多身受痛经折磨的女孩都知道痛经的厉害，有的时候，痛经真的让人下不来床，满床打滚。有些女孩痛经的时候，小腹部没有那么痛，但是腰部会很酸痛，这也是因人而异的。那么，为什么会出现痛经呢？引起痛经的原因比较复杂，通常情况下，有以下几点：

首先，有些女孩的子宫内膜前列腺素增多，导致子宫严重收缩，这样一来引起子宫局部缺氧，导致痛经。其次，有些女孩对于“好朋友”的到来总是过于紧张，对“好朋友”心存恐惧，也会加重疼痛的感觉。再次，有些女孩在经期前或经期内进行剧烈运动，很容易引发痛经。最后，正如前文中小美妈妈所说，女性的子宫喜欢温暖，而不喜欢寒冷，如果女孩总是贪凉，喜欢吃生冷食物，或者爱美只穿很少的衣服，导致子宫受寒，也会发生痛经。出现痛经时，青春期女孩无须过分紧张，可以喝红糖姜茶，将热水袋放在腹部给腹部加温，从而有效缓解腹部疼痛。当然，如果痛经的症状过于严重，影响正常的生活和工作，也可以向医生寻求帮助，适量服用止痛药物。

很多青春期女孩都会出现痛经的症状，随着不断成长，子宫越来越成熟，内分泌也趋于稳定，痛经的情况就会有所好转。所以哪怕此时此刻承受着痛经的痛苦，女孩们也无须过于担心，这只是青春期身体处于发育之中的表现，早晚有一天会消失的，“好朋友”也会变得越来越友好。

5—— 心情烦躁低落，你的“好朋友”马上就要来了

小美这几天心情很烦躁，适逢“好朋友”即将到访，再加上马上要期中考试，小美觉得自己简直要崩溃了。

一天放学后，小美连做了好几个小时的作业，但直到晚上十点还是没有完成。她不由得心烦气躁，当妈妈问她作业有没有写完时，她的情绪突然间爆发。她愤怒地对妈妈吼道：“作业，作业，您一天到晚就知道作业。难道我在您的眼里就是学习和写作业的机器吗？”妈妈丈二和尚摸不着头脑，原本想批评小美，但是看到小美眼睛里都是泪水，又不忍心了。她耐心地在客厅等小美完成作业，又给小美热了一杯牛奶。小美眼里含泪完成作业后，看到妈妈还在等她，羞愧地对妈妈说：“妈妈，对不起，我最近不知怎么了心里很烦躁，觉得很累。”

妈妈问小美：“你的‘好朋友’是不是快来了？”小美点点头。妈妈说：“‘好朋友’来之前，女孩子会没缘由心情焦虑，情绪

恶劣，脾气暴躁。尤其是你还要完成繁重的作业，所以妈妈能理解你的感受。不过，千万不要被情绪驱使，你要做情绪的主人，调整好情绪，从而让自己拥有愉悦的心情。”

事例中小美因为“好朋友”即将到访心情低落，又因为学习压力大忍不住对妈妈发火，这其实都是体内激素水平波动导致的。面对女儿的烦躁，妈妈只能让自己多多理解女儿，也更加用心地关注女儿。实际上，大多数青春期女孩在“好朋友”造访期间都会因为身体和心理上的各种不适，导致情绪焦躁。在这种情况下，妈妈要多关注女孩，引导女孩及时疏导情绪，从而让女孩心情愉悦，迎接“好朋友”的到来。

要想避免在“好朋友”到来之前情绪冲动，青春期女孩需要注意以下几个方面：首先，要尽量减少刺激自己的因素，不与他人争吵，也不与性格暴躁的人相处。无论是否处于月经期，女孩都要学会控制自身的情绪，做情绪的主人，而不是任由情绪驱使自己，让情绪的洪水肆意奔流。其次，为了减轻身体的负担，在“好朋友”到访之前，女孩应该保持清淡的饮食，减少高盐分高脂肪食物的摄入，避免体内盐分过量，导致身体水肿或者引起头痛。可以喝热牛奶或者摄入一定量的碳水化合物，这对于舒缓情绪有很好的作用。此外，适度运动有助于污血排出，减轻身体的不适，但是一定要适度，过度劳累反而会让情绪更加焦躁不安。

⑥—— 月经周期不规律，该怎么办

小美初潮之后大概三个月，“好朋友”都没有到访。小美曾经非常担心，问过妈妈才知道初潮之后月经不规律是很正常的，而且大概要持续几个月甚至几年的时间。后来，虽然小美的“好朋友”基本上每个月都会到访，但是在大概一年多的时间里，“好朋友”到来的日期都相差很多，例如这个月也许十号就来了，下个月却要十七八号，甚至二十一二号，再下个月有可能又提前到八九号。如此一来，小美完全无法对“好朋友”的到访进行充分准备，她只能随时随地都在书包里准备好卫生巾，她很担心被其他同学发现，非常尴尬。

有一次，小美忘了带卫生巾，偏偏“好朋友”就来了，而且还把她的裤子都湿透了。下课后，小美坐在板凳上不敢起来。直到放学后，她才拿起手机给妈妈打电话，让妈妈赶紧来“救她”。看到妈妈，憋了一下午的小美委屈地哭了起来：“妈妈，我怎么这么倒霉啊！”妈妈很心疼，不停地安抚她：“小美，这是青春期的特别情况，等你长大了，情况就会好很多。其实，你可以向其他女同学求助，班里肯定不止你一个女生来‘好朋友’，这没有什么难为情的。还有，遇到这样的情况你也可以求助老师，或者把外套脱下来围在腰上。这样的情况虽然有点尴尬，但是并不值得羞愧。你要机灵些，不要委屈自己，好吗？”小美泪眼婆娑地点点头，无论如何，她再也不想遇到这样的情况了！

很多青春期女孩都会出现月经周期不规律的情况，深受经期紊乱的困扰，这都是卵巢功能没有发育成熟导致的，因此在初潮之后的半年甚至两年内，青春期女孩的月经都处于紊乱的状态，不但“好朋友”到访的日期不一定，而且每次月经的经血量也相差甚多，这些都属于正常现象。面对“好朋友”的反复无常，女孩无须过于紧张，也不要因此影响自己的心情。通常情况下，从初潮开始，月经不规律的现象顶多维持两年的时间，之后“好朋友”就会守时得多。

青春期女孩要注意的是，“好朋友”是非常敏感的。有的时候，如果女孩心情过于紧张，压力太大，诸如忙着应付考试，那么“好朋友”就会姗姗来迟。或者当生活环境发生大的改变，女孩忙于适应外界的新环境时，生理周期也会紊乱，出现“好朋友”迟到或者早到的情况。总而言之，每个女孩都要了解身体的晴雨表，这样才能更好地照顾自己，顺利地度过青春期。

⑦—— 保持清洁干净，让“好朋友”无忧无虑

夏天天气越来越热，小美又恰恰来了“好朋友”，坐在教室里上课时，她隐约闻到自己身上浓重的体味，非常难为情。她的同桌是个男生，她很担心同桌会闻到她身上散发出来的味道。而且，“好朋友”来了才三天小美就觉得自己的阴部特别痒，她总是忍不住想去抓挠，连上课都无法专心。老师发现了小美的异常，打电话向小美妈妈询问：“小美妈妈，小美这几天上课总是心神不宁，我想问问她是有什么不舒服还是家里有事情分散了她的注意力？”妈妈仔细想了想，确定没有什么事情，便对老师说：“老师，谢谢您的关心，晚上我会问问小美的。”

晚上妈妈问起小美上课走神的事情，小美突然哭起来，妈妈不知所以。直到哭完小美才指着自己的阴部说：“最近我这里特别痒，在学校又不能挠。”妈妈意识到小美可能感染了妇科病，因而赶紧带着小美去就诊。医生询问小美的情况后，说：“应该是霉菌

性外阴炎。现在是夏天，你为什么要穿牛仔裤啊？”小美说：“我不是来‘好朋友’了吗，牛仔裤比较厚，不容易湿。”医生问：“那么，你是如何清洁阴部的呢？”小美看了看妈妈，疑惑地对医生说：“妈妈说来‘好朋友’的时候不能清洗。”医生转向妈妈：“您是这么告诉孩子的？”妈妈点点头，说：“怕水不干净，会引起感染。”医生说：“您这个妈妈真是缺乏基本的常识，您想想，这么热的天气，别说处于月经期，就算是平常的日子里，汗液也会让身体变得脏兮兮的，再加上经血的污染，阴部不清洗怎么行呢？只要不坐浴，淋浴、冲洗是没关系的。月经期间也要及时清洗阴部，这样才没有异味，才不会感染霉菌啊！”妈妈恍然大悟，回家后赶紧让小美洗了个热水澡，涂了医生开的药膏，这才有效缓解了小美的症状。

很多妈妈都有一种错误观念，就是“好朋友”造访期间不能清洁阴部。实际上，越是“好朋友”造访期间，越是要保持阴部的干净卫生。否则，经血就会变成细菌的温床，导致各种细菌滋生。此外，还需要注意的是，青春期女孩不要总是穿着牛仔裤。众所周知，牛仔裤比较厚实，通风和透气性很差，会导致阴部闷热，滋生细菌。不仅是在经期，很多女孩如果平日里总是穿牛仔裤，也会因此患上妇科病。所以青春期女孩在“好朋友”到来时，一定要注意阴部的清洁，保持阴部卫生干燥，穿着宽松舒适的外裤，让各种细菌无处可藏。

需要注意的是，很多女孩对于清洁持有错误的观点。她们误以为所谓的清洁就是用洗液，实际上洗液的效用很小，甚至还有可能破坏阴部的酸碱平衡，导致患病。阴部健康正常的女孩只需要用温热的清水清洗阴部即可。此外，清洗内裤时一定要用专门的盆，切勿把内裤与袜子放在一起洗涤。洗完内裤后，要把内裤上的清洁液漂洗干净，然后把内裤放到阳光下暴晒。紫外线是最好的天然杀菌物质，经过暴晒的内裤是最干净卫生的。总而言之，对青春期女孩而言，阴部是非常敏感且脆弱的，一定要注意阴部卫生，保证阴部的健康。

第三章
性很神圣，暂时不属于你

一直以来，中国的父母都非常传统，面对孩子，他们总是羞于提起性，甚至在潜意识里认为性就是下流。实际上，性是非常神圣的，它是生命的延续方式，是人类得以繁衍生息的根本。要想给予青春期女孩正确的性教育，妈妈首先要对性有正确的认识，把握好性教育的分寸，让女孩知道性的神圣。

1——性是什么

毛毛最近看了经典电影《泰坦尼克号》，当看到男女主人公抱在一起亲吻的画面时，她突然发现自己的内心有一种异样的感觉，像有一只小鹿在四处冲撞，有着难以言说的向往和惆怅。毛毛甚至觉得自己的身体发生了一些微妙的变化，总而言之，一切都不一样了。

一个周末，趁着爸爸妈妈都去单位加班，毛毛打开电脑想要解开心中的困惑。她用颤抖的手在电脑上敲下“xing”，很快屏幕上就出现了很多相关网页。她一边浏览网页，一边留神门口的动静，担心爸爸妈妈会突然回家。但是，网络上零散的信息并没有使毛毛真正了解什么是性。

几天后，妈妈在使用电脑时无意间发现了网页痕迹，她意识到毛毛已经是青春期的大姑娘，很可能对性充满了好奇，因而特意去书店为毛毛挑选了几本关于青春期的书籍，放在毛毛的书架上。毛毛从书籍中得到了关于性的知识，对性有了更多正确的了解。

一直以来，性在大多数人心中都是不能提及的隐讳之事。尤其是对父母而言，他们不知道如何与青春期的孩子讨论这个话题。这也就导致了很多青春期的孩子对性缺乏客观的认识，从父母那里得不到切实有效的指导。实际上，和孩子沟通的方式有很多，如果父母觉得面谈不好意思，可以利用书面交流的方式向孩子讲解性知识，例如通过书信或者亲子共用同一本日记的方式进行。这样一来，妈妈与女儿的沟通会更加顺畅和深入。

在青春期，很多女孩都会对性产生好奇，与其让青春期女孩误打误撞去认识性，不如由妈妈主动引导她们了解性。在引导女孩认识性的时候，妈妈对于性的认知一定要正确，千万不要因为自己觉得性是羞于启齿甚至是下流肮脏的，而让孩子对性产生错误的认知。唯有打破偏见，揭开性的神秘面纱，让女孩认识性，才能避免女孩对性的盲目渴望。

很多女孩在青春期都会产生性冲动，这时妈妈一定要及时向她们讲解性知识，给她们买一些生理卫生书籍，从而让她们更好地认识自己的身体，认识性，健康顺利地度过青春期。记住，性不是洪水猛兽，而是人世间最美好神圣的事物，唯有正确地认识性，女孩才能理智地对待性，合理地保护自己。

②—— 你就是爸爸妈妈爱情的果实和结晶

这个周末，毛毛的家里来了客人，舅舅家的表姐带着自己的小宝宝来毛毛家里做客。毛毛非常喜欢小宝宝，整整一个上午都在逗小宝宝玩。

每当想起表姐家的小宝宝，毛毛心中都会有这样的困惑：我以后也会生小宝宝吗？小宝宝到底是从哪里来的呢？毛毛左思右想也想不明白，因而问好朋友丁丁。对此，丁丁也丈二和尚摸不着头脑："从小妈妈就说我是从垃圾堆里捡来的，但是我知道这是不可能的。有一次，我听姐姐说，男人和女人结婚之后，女人就会怀孕，然后生下宝宝。"丁丁的回答启发了毛毛，毛毛当即说道："是的，就是这样的，我记得以前听人说过，男人和女人接吻或者睡到一张床上，女人就会怀孕。所以，咱们一定要小心，不要靠近男生。"即便已经和丁丁进行了讨论，毛毛也没有完全解开心中的疑问，她依然觉得很迷惑。思来想去，她决定问问妈妈这到底是怎么回事。

吃完晚饭，趁着爸爸不在客厅，毛毛鼓起勇气问妈妈：“妈妈，我到底是从哪里来的呢？我不相信我是从垃圾堆里捡来的，我希望您能给我一个正确的回答。”妈妈看着毛毛认真地说：“毛毛，你长大了，妈妈的确不能随便糊弄你了。实际上，每个小生命都是爸爸妈妈爱情的果实和结晶，是由爸爸提供的一颗精子和妈妈提供的一颗卵子结合而成的。成熟的女性，每个月都会有一次排卵，当最强壮的精子与卵子相遇，生命便由此诞生。所以，你长得既像妈妈，也像爸爸，你是爸爸妈妈生命的延续，也是爸爸妈妈爱情的结晶。妈妈为你购买的那些书，你可以多看看，有不懂的地方再问妈妈，好吗？”妈妈的回答安抚了毛毛的心。

毛毛耐心地看完妈妈给她的书后问妈妈：“妈妈，我也具备生小宝宝的能力了吗？”妈妈点点头，说：“是的。但是，生孩子不是一件简单的事情。就像爸爸妈妈生了你，就要负责养育你，给你一个温暖的家。所以爸爸妈妈在决定结婚生下你之前，经历了很长时间的相处，而且也考虑得非常成熟，绝不是随随便便就在一起的。你虽然已经具备了生小宝宝的能力，但是你并不知道自己真正想要的人生是怎样的，也还没有能力对自己的人生负责。所以，你可以享受与异性的亲密无间，也可以决定与异性携手共度一生，但不是现在。你就像是一个花骨朵，要耐心等到绽放的时候才能做出人生中重要的决定和选择。”毛毛点点头，说：“妈妈，放心吧，我知道您的意思。”

事例中的毛毛终于知道了生命的起源，也更加清楚地认识和了解了自己的身体。当然，她也听懂了妈妈表达的隐晦意思，提醒自己要保护好自己，不要让自己受到性冲动的伤害。对女孩而言，青春期是人生的花季，在这个季节中，女孩们渐渐地成长和成熟，开始对生命的起源和自己的来路充满好奇，甚至对性充满了幻想和冲动。在这种情况下，父母一味地掩耳盗铃，逃避对女孩进行性启蒙和性教育，试图避免女孩接触性，实际上是自欺欺人的。没有人能够违背生命的规律，女孩进入青春期，必然要经历青春期的一切。所以明智的妈妈会及时对女孩开展性教育，以防女孩误打误撞，受到伤害。

记住，任何孩子都不会因为父母的回避而遗忘青春期的性，大多数女孩在青春期都懵懂无知，只有妈妈才是她们最好的领路人。

③—— 不要自责，出现性幻想很正常

自从在妈妈那里得知生命的起源，又在书本上知道精子与卵子是如何相遇之后，毛毛就不可避免地产生了性幻想。她为此非常苦恼，因为她晚上睡觉时，总是在床上辗转反侧，难以成眠。有的时候好不容易睡着了，她又会梦见自己与陌生的异性在一起亲昵，似乎有一股洪流在她的体内左冲右撞，让她觉得自己马上就要失控。

毛毛觉得痛苦极了，然而，她并不想把这件事情告诉给妈妈。为此，她陷入了深深的自责之中，尤其是想起妈妈说她是花骨朵正在等待绽放，她更觉得自己是罪恶的。很快，毛毛就有些神思恍惚，为了满足自己的性幻想，她甚至强迫自己入睡，希望自己在梦境中重逢让自己面红耳赤、有些难堪的场面。有一段时间，毛毛的学习成绩严重下滑，她也总是一个人躲在房间里，不愿意和爸爸妈妈在一起。

出现性幻想实际上是青春期的正常现象，心理学家调查发现，大概有70%的青少年都有过性幻想。所谓性幻想，又叫作意淫，是指人在清醒的状态下对性的想象，就像是白日梦，以虚妄的方式满足青少年对性的渴望。青春期女孩之所以出现性幻想，是因为她们体内的荷尔蒙大量分泌，使她们开始对异性产生懵懂的好感和渴望。所以青春期女孩面对性幻想无须惊慌，更不要自责。对性的渴望和冲动，以及对异性的憧憬，青春期女孩可以采取转移注意力的方式，让自己把所有的时间和精力都用于学习、兴趣爱好上。当生活变得充实以后，女孩的性幻想就会有所减弱。

对性幻想，一味逃避并非解决之道。女孩要更多地学习性知识，掌握性文明和性道德，从而洁身自爱，这样一来，理智才能战胜性的本能冲动，也才能让女孩更加自律。适度的性幻想是正常的，如果性幻想过度，影响正常的学习和生活，就会给女孩带来很多困扰和巨大的心理压力，使女孩变得越来越不快乐。作为妈妈，要多关注女孩的微妙变化，当发现女孩神思恍惚时，可以陪伴女孩一起运动，发泄多余精力，也可以以阅读相关书籍的方式对女孩展开引导，让女孩快乐健康成长。如果发现女孩因为性幻想而自责，妈妈也要告诉女孩这是青春期的正常生理现象，从而让女孩变得自信美丽，从容走过青春期。

④—— 和异性拥抱接吻是性行为吗

转眼之间，毛毛已经进入高一。她从内心深处觉得自己的成长有了跨时代的意义，也认为自己已经是大姑娘了。高一下学期，班里出现了几对彼此有好感的男女同学，毛毛也有自己心仪的男生，那就是班长赵凯。赵凯不但长得高大帅气，而且学习成绩特别好，是班里很多女生心仪的对象。

一个偶然的机会，毛毛发现赵凯似乎对她也有好感。最让毛毛激动的是，赵凯居然还给她写了一封情书。毛毛欣喜若狂，当即回信给赵凯，表达了自己对赵凯的爱慕之意。就这样，毛毛和赵凯情投意合，迅速坠入爱河。经过高一下学期的相处，在即将升入高二的暑假，毛毛和赵凯的关系有了质的飞跃。那个暑假显得尤其漫长，原本每天都可以在学校里见面的毛毛和赵凯，突然之间品尝到一日不见如隔三秋的滋味，简直是在被思念煎熬着。

一天，毛毛在去买东西的路上偶然碰到赵凯，两人一起躲到公园里幽静的角落互诉衷肠，将对彼此强烈的思念释放出来。冲动之余，他们情不自禁地拥抱在一起，向彼此献出了自己的初吻。和赵凯分开回到家里之后，毛毛担心极了，她很怕自己怀孕，更害怕这件事情被妈妈知道。她寝食难安，为自己的冲动行为后悔不已。

拥抱和亲吻，属于性行为吗？从狭义的角度而言，大多数人都以为只有性爱才属于性行为。实际上，性行为的含义非常广泛，除了性爱这种典型的性行为之外，拥抱、接吻、爱抚等很多动作也是性行为。有些人还提出，情人之间眼神的交流也可以算作边缘性性行为。所以从广义的角度而言，拥抱和接吻也属于性行为。

当然，拥抱和接吻并不会像毛毛担心的那样导致怀孕。实际上，在很多西方国家，拥抱和接吻只是见面的普通礼仪，在这种情况下，拥抱和接吻与性行为没有任何关系。青春期少男少女因为荷尔蒙的大量分泌，会对异性产生好感，当发生早恋行为的时候也会对异性产生冲动，所以还是要尽量避免拥抱、接吻等行为的发生，以免冲动之下做出过激的性举动，给生活和学习带来困扰。

⑤— 发生了性行为一定就会怀孕吗

高考结束后，也许是因为沉重的学习压力突然卸去，也许是因为双双考入同一所名牌大学，毛毛和赵凯的感情又升温了。他们即将作为情侣一起去大学报到，开始大学生活，俩人的关系变得更加亲密无间。

在此之前，毛毛始终严格自律，控制自己不跟赵凯过于亲近，因而他们之间最亲密的举动仅限于拥抱和亲吻。然而，在高三的同学告别会上，赵凯和毛毛都喝了些酒，在拥抱亲吻之后，他们情不自禁就逾越了亲密关系的界限，发生了性行为。事后，毛毛非常惊慌，她很担心自己会怀孕，因此提心吊胆好几个月，直到发现自己的身体没有明显的变化，才放下心来。

随着青春期的不断推进，毛毛已经成长为十八九岁的大姑娘。此时，她的身体发育和心理发育都基本成熟。在高中期间，她与赵凯的关系始终没有更进一步，他们一起努力双双考入名牌大学，精神突然间松懈下来，又因为同学告别会都喝了酒，在酒精的刺激下，他们没有控制自己，发生了性行为。实际上，发生性行为未必会怀孕，这是因为精子与卵子的相遇并非必然，而是充满了偶然性。

成熟的女性每个月都会有一次排卵期，排卵期在下次月经来潮时的前14天左右，在此期间，女性的卵子由卵巢排出，在输卵管内等待与精子相遇，两者结合后就会进入子宫开始孕育生命。所以要想怀孕，只有在女性排卵期内进行性行为才可以。错过了排卵期，精子无法与卵子结合，最终会被排出体外，无法孕育小生命。从这个角度而言，性行为之后有很人的可能性不会怀孕。但是反之，如果性行为恰巧发生在排卵期，那么怀孕的可能性就会大大增加。需要注意的是，即使在排卵期也未必会百分之百怀孕。另外，女性的排卵期也并非固定，有的时候会提前或者延后。因而，使用排卵期避孕法，可能面临很大的失败概率。怀孕最关键在于精子与卵子相遇，并且能够冲破阻碍，进入卵子内，形成生命体。

当然，这并不意味着怀孕的概率很低，也不意味着青春期女孩就可以因此对性行为不以为意，觉得哪怕发生了性行为也不会怀孕。青春期女孩一旦怀孕，就会面临身心的严重伤害，所以一定要采取有效的避孕措施，才能更好地保护自己。此外，青春期女孩还要学会辨识自己是否真的怀孕。怀孕最显著的标志是在次月“好朋友”应该到访的日子，却迟迟不来。通常情况下，在“好朋友”该来不来大概一周之后，女性的身体就会出现其他怀孕的反应。这时，一定要及时验证是否怀孕，从而采取有效的措施减少伤害。毕竟青春期女孩还要继续学业，而且爱情的发展也远远没到瓜熟蒂落的时候，因而要避免盲目迎接小生命的到来。

6 —— 已经发生了性行为，如何有效地避孕

大学开学，毛毛和赵凯一起去报到。他们欢欣鼓舞，似乎看到崭新的大学生活在眼前展开。在经历了初次性行为之后，他们对于性行为有了一定的了解。此后的大学生涯中，他们偶尔也会发生性行为，不过都采取了安全措施。

转眼之间，大学四年即将结束，毛毛和赵凯像其他大学情侣一样，在学校附近筑起爱巢。一次，他们发生性行为时没有采取措施，而又恰逢毛毛的排卵期。毛毛担心不已，害怕自己在毕业的当口上怀孕，因而她赶紧去药店买了紧急避孕药服用，但是，次月她的“好朋友”还是推迟了，吓得她赶紧去医院就诊。得知毛毛吃了紧急避孕药，医生不住地责怪她：“要爱惜自己的身体，那种药对身体的副作用非常大，不仅会影响生理周期，甚至还会导致不孕不育。”毛毛没想到问题这么严重，当即连连点头，表示以后再也不这么冒险了。做完相关检查，医生告诉毛毛她并没有怀孕，只是因

为服用紧急避孕药导致生理周期紊乱而已。

如今，很多年轻人都把服用紧急避孕药作为常用的避孕方式，殊不知，紧急避孕药中含有大量的孕激素，会导致女性月经周期不规律、卵巢囊肿等。因此，服用紧急避孕药只能作为万不得已的紧急避孕方式，不能常用。青春期女孩还没有结婚生子，如果因为长期服用紧急避孕药导致不孕不育，必然欲哭无泪，导致身心都受到深深的创伤。

毛毛大学即将毕业已经成年，依然担心意外怀孕带来的烦恼，青春期女孩就更加需要加强防护意识，要认识到一旦意外怀孕，对自己会造成严重的伤害。例如，强行结束妊娠会使女孩的子宫受到损伤，身体的激素水平失衡，影响女孩的健康成长。还有的青春期女孩怀孕之后不敢告诉妈妈，只能自己偷偷地去小诊所流产，因此造成感染，患上严重的妇科疾病，给自己的学习与生活都造成不良影响。因此，青春期女孩一定要防患于未然，多了解性知识，尤其要懂得避孕的知识，从而能在性行为不可避免时采取有效的措施保护自己，将伤害降到最小。

⑦—— 自慰的危害远超想象

自从和毛毛探讨过小宝宝是怎么生出来的问题之后，丁丁也和毛毛一样深受这个问题的困扰。毛毛在和妈妈请教之后，把小宝宝的诞生过程讲给丁丁听，并且还把妈妈给自己买的书给丁丁看。至此，丁丁恍然大悟：原来，小宝宝是这么来的呀！然而，了解了性知识的她却陷入了对性的强烈幻想之中。她不但有性幻想，还经常做性梦。受到性欲望的驱使，她甚至开始自慰。

平时因为要上学，她要早早起床去学校早读，因而没有时间胡思乱想。等到周末的时候，她即使睡醒了也不起床，而是偷偷地躲在被窝里自慰。渐渐地，她的自慰现象越来越严重，没过多久，她就感觉阴部瘙痒。她不知道自己怎么了，便告诉妈妈自己的症状。妈妈带着她去看医生，才诊断出她患了外阴炎。妈妈很纳闷地问医生：“她还是小姑娘啊，为什么会得这种妇科病呢？”医生向妈妈解释：“即使是小姑娘，如果不注意保持阴部干爽卫生也会感染各种病菌。在清洁阴部的时候，最好使用淋浴。如果盆浴，也要用专用的盆和毛巾，而且要把盆与毛巾放到阳光下暴晒。青春期女孩的阴部是很娇嫩的，一定要避免与不洁净的东西接触，在清洁阴部之前，也要保持手部的卫生。”听了医生的话，丁丁不由得脸红起来，她想起自己自慰的情形，意识到妇科病正是频繁自慰的恶果。

所谓自慰，指的是通过自己抚摸性器官，再加上幻想的作用，让自己产生性兴奋，或者达到性高潮的过程。自慰不仅可以用手进行，有的时候也可以用某种物体对自己开展性刺激。一直以来，人们都以为青春期男孩自慰现象严重，实际上，青春期女孩因为荷尔蒙的大量分泌，会对性产生向往和冲动，她们的自慰问题也很突出。

提起自慰，很多人都视其为“洪水猛兽”，甚至觉得自慰的人一定是邪恶的、道德败坏的。正是因为有这样错误的观点，青春期女孩在自慰时往往会产生深重的负罪感。实际上，青春期女孩适度自慰是生理需要，而自慰更大的危害在于“自慰有害”理论给青春期女孩带来的沉重心理负担。如果青春期女孩能够端正对自慰的态度，从而让自己渐渐地摆脱自慰，那么她们就能更加健康而快乐。医学专家吴阶平教授针对青春期孩子的自慰现象曾说：不以好奇而开始，不以发生而烦恼，已经成为习惯要下定决心努力克服，克服之后要放下心理包袱，这样才会没有任何恶劣的后果。这样从容的态度能够帮助青春期女孩卸下思想的包袱，更好地面对自己。

8—— 怀孕了别惊慌，妈妈永远是你最好的朋友

高二时丁丁也谈了个男朋友，然而，她不像好朋友毛毛那么意志坚定，在高三的时候她就因为与男朋友发生性关系怀孕了。最初，丁丁并不知道自己怀孕了，直到接连两个月没来例假，她才慌了神，赶紧在网上查询“为什么不来例假”，这才在众多的答案中看到“如果怀孕，例假就会停止”。丁丁回想起自己这两个月来总是隐约觉得恶心想吐，她不由得胆战心惊。

原来，缺乏避孕知识的她在和男朋友发生性行为时从未采取任何避孕措施。她简直欲哭无泪，对男朋友说了自己的情况，男朋友也慌了神，不知道该怎么办才好。原本，男朋友建议丁丁去小诊所，但是丁丁很害怕，几次走到小诊所门口都因为羞愧和恐惧退了回来。转眼之间，又一个月过去了，丁丁不知道是心理作用还是身体真的发生了变化，她居然觉得自己的小腹微微隆起了。丁丁知道这件事情无论如何也瞒不住，终于向妈妈坦白了一切。妈妈当即

脸色惨白，她无论如何也想不到自己的乖乖女居然做出这样的事情来。妈妈很愤怒，她努力压抑着自己的怒气才没有向丁丁爆发。然而恢复冷静之后，妈妈意识到如果自己训斥丁丁，丁丁一定会更无助。为此，妈妈很快让自己平静下来，含着眼泪对丁丁说："宝贝，你要受苦了。"

妈妈对这件事情严格保密，并且叮嘱丁丁不要向任何人说起这件事。然后，她带着丁丁去医院终止妊娠，让丁丁在家休息了半个月才让丁丁恢复上课。在这半个月的时间里，妈妈详细向丁丁讲述了避孕的知识，也教育丁丁要吸取教训，不能再随便发生性关系。丁丁看到妈妈的包容和宽容，再想到这段时间来身心遭受的折磨，内心充满了悔恨。她发自内心地感谢妈妈："妈妈，谢谢您一直陪在我的身边。"

很多青春期女孩在意外怀孕之后，第一反应就是害怕被父母知道。实际上，对女孩而言，这样的时刻最可以依赖的就是妈妈。如果瞒着妈妈去进行危险的终止妊娠手术，必然会受到更大的伤害，甚至造成无法挽回的后果。

从妈妈的角度而言，当得知自己正值青春期的女儿意外怀孕时，那种感受一定是震惊的。但是事情发生后，妈妈千万不要因此对女儿冷嘲热讽，甚至因为愤怒而训斥她们，放弃帮助她们。要知道，妈妈是女儿这个时候唯一能够信任和依赖的人，妈妈一定要不遗余力地帮助她们，尊重和理解她们，也要想方设法为她们解决难题，帮助她们渡过难关。有一个爱护自己的妈妈，青春期女孩才会在最无助的时刻求助于妈妈，从而避免无知给自己带来的其他伤害。

第四章 青春期，女孩的优雅蜕变期

青春期女孩因为满脸的青春痘和雀斑就像是一只丑小鸭，在青春期的过程中，她们会不断地蜕变，最终变得淑静、优雅。女孩的蜕变离不开妈妈的指点，可以说妈妈不仅是青春期女孩的守护神，也是青春期女孩的塑造者，妈妈的引导与帮助会让青春期女孩变得更加美丽从容。

①—— 妈妈送给你的护肤小宝典

转眼之间，还扎着两个羊角辫的沫沫就长成了美丽的大姑娘。虽然才十四岁，但是沫沫身材高挑，比同龄人都高出了半个头。然而，苦恼也随之而来。沫沫本来就是油性皮肤，进入青春期之后，脸上出油的情况更加严重了。早上洗干净脸出门，不到下午就已经油光满面了，用手一摸还黏黏的。沫沫对此很苦恼，尝试了很多控油的方法都不管用。一天下午，沫沫的好朋友洋洋说："沫沫，学校门口开了一家美容店，说能够控油祛痘痘，我们要不要去试试？"洋洋正为脸上的痘痘发愁。两个好姐妹一拍即合，当天放学后就去了美容店，一人办了一张三百元的美容卡。

刚开始的几天，沫沫脸上出油的情况确实有所改善，她很开心，觉得钱没白花。然而没过几天，沫沫发现自己的下巴和脸颊上长了一圈小痘痘，而且痘痘越来越大。沫沫很担心，跑去美容店询问，店里的员工一个劲儿地推卸责任，说长痘痘完全是沫沫个人肤质的问题，跟他们店没关系。

沫沫又气又急地跑回家，妈妈一看，觉得痘痘很严重，就赶紧带她去了医院。医生检查之后确定沫沫的脸过敏了，给她开了一些抗过敏的药膏，并嘱咐沫沫不要滥用护肤品。

青春期女孩都特别爱美，看到脸上出油或者长痘痘时都会非常着急，希望能够立刻消除皮肤问题。因此，她们往往会盲目地相信美容店和美容产品的广告效果，结果导致皮肤问题更加严重。与其任由青春期女孩盲目地去试验，不如妈妈们帮助青春期女孩护理好皮肤。

首先，青春期女孩正值生长发育的高峰期，她们又面临着巨大的学习压力，会经常熬夜，导致内分泌失调，使皮肤黯淡无光，长出青春痘或者雀斑。很多爱美的女士都喜欢睡“美容觉”，实际上，所谓美容觉就是规律的作息和充足的睡眠。青春期女孩应该安排好自己的学习和生活，尽量做到每天按时睡觉。睡觉前喝一杯热牛奶，不仅可以提高睡眠质量，还有助于排毒养颜，让皮肤保持健康状态。

其次，身体的状态往往表现在皮肤上，要想让皮肤水润光滑，就要为身体补充充足的水分。每天起床后，为了促进肠道蠕动，女孩可以喝一杯开水。白天上学时，也要及时补充水分。但是，在夜晚来临之后，如果不是特别渴，就应该控制饮水，以免身体里储存过多的水分，导致身体水肿。

再次，细心的女孩会发现，很多皮肤好的人都始终保持愉悦的心情。女性的身体是特别敏感的，如果情绪波动太大，那么皮肤状态也会受影响。因此，女孩应该保持快乐的心境，让自己始终安然宁静。

最后，还要适度清洁皮肤。美容达人都知道，护肤的第一步就是清洁皮肤。如果不能保证皮肤的清洁，很容易堵塞毛孔，导致皮肤状况变差。很多油性皮肤的人面部都有很多黑头和暗疮，这就是毛孔堵塞造成的。所以油性肤质的人应该重视面孔清洁问题，早晚一定要认真洗脸。需要注意的是，也不能过度清洁皮肤，否则会伤害皮肤的保护层。

现在市面上的化妆品很多，青春期女孩一定不要为了美而盲目选用。对青春期女孩而言，选择有保湿作用的水和乳液就很好，这样既能为皮肤补充水分，也可以避免毛孔被厚重的化妆品堵塞。

②—— 化妆品粉饰不出满脸胶原蛋白的美

在妈妈的指导下，沫沫每天都认真洗脸，初步战胜了面部出油，因过敏而导致的痘痘也消下去不少。然而，没过多久沫沫又开始为痘痘的疤痕烦恼起来。看着脸上紫色的疤痕，沫沫心急如焚，恨不得马上就把这些疤痕彻底消除掉。

一个周末，趁着妈妈不在家，沫沫坐到妈妈的梳妆台前，拿出妈妈的化妆品开始给自己化妆。她模仿妈妈的样子，先给自己打了粉底，然后还描了眉毛，擦了口红。看着镜子里自己焕然一新的面孔，沫沫觉得很满意，尤其是那雪白雪白的皮肤，更让她喜滋滋的。沫沫就这样顶着浓妆出门了，她觉得自己走在大街上回头率都高了很多。因为和同学聚会时间太长，沫沫回家有些晚了，此时妈妈已经回家了。沫沫原本想赶在妈妈回家之前洗掉脸上的妆容，但是这下子只能硬着头皮面对妈妈。看到沫沫浓妆艳抹的样子，妈妈很惊讶，问："你觉得自己这样很美吗？"沫沫点点头。妈妈说：

“你是不是最近痘痘变少了觉得不太适应，非要再把痘痘折腾出来啊？”沫沫有些不好意思，说：“我当然不想再有那么多痘痘，我这么做正是为了把痘痘的痕迹掩盖住啊。”妈妈说：“你长痘痘不就是因为毛孔堵塞，油脂出不来吗？你化这样的浓妆会让毛孔堵塞更严重，很容易冒出新痘痘的。”沫沫不以为然：“妈妈，您每天都化妆，也没见长痘痘！”妈妈啼笑皆非：“妈妈已经过了青春期，脸上的油脂分泌不会像你一样旺盛，所以才不容易长痘痘。而且妈妈要工作，老板要求必须化妆，否则妈妈也不会每天都化妆！对你而言，青春期最美丽的就是真实的面貌，是你光滑细嫩充满弹性的皮肤，那才是由内而外的美丽呢！”

每个女孩心中都有一个美丽的梦，每个女孩都希望自己成为世界上最漂亮的人。为此，当看到妈妈坐在梳妆台化妆的时候，女孩也总是心向往之，希望自己有朝一日也能像妈妈一样漂亮。当然，女孩爱美并没有错，只不过青春期女孩的皮肤很娇嫩，再加上皮脂分泌旺盛，所以并不适宜过多使用化妆品。否则，正如事例中妈妈所说的，化妆品会堵塞女孩的皮肤毛孔，导致痘痘更加旺盛。

每个青春期女孩哪怕素面朝天也有着不可复制的美丽，青春的活力就是她们最美丽的妆容。记住，再好的化妆品也抵不过满脸的胶原蛋白，青春期女孩与其盲目追求修饰的美丽，不如调整好心情，用健康的饮食、良好的卫生习惯让自己的皮肤由内而外地焕发光彩。

③—— 高跟鞋给你带来的不是美，而是伤害

五六岁的时候，沫沫就很喜欢穿着妈妈的高跟鞋在屋子里走来走去，哪怕不小心摔倒在地上，她也不哭，而是擦干眼泪爬起来，继续美滋滋地在屋子里走来走去。听着高跟鞋敲击地面的声音，她觉得自己摇曳生姿，简直美极了。

才上初中，沫沫就缠着妈妈给她买高跟鞋穿。虽然妈妈再三强调她是学生，需要经常进行体育运动，不建议她穿高跟鞋，她却不以为然，坚持要一双高跟鞋。妈妈被沫沫缠得无可奈何，只得给她购买了一双高跟鞋。周末，沫沫和好朋友相约出去玩，因为平时在学校不能穿高跟鞋，这次就美滋滋地穿着高跟鞋出发了。然而，很快，沫沫的心情就从喜悦变成了沮丧。原来，还没走出去多远，沫沫的脚趾就磨出了一个泡。她疼得龇牙咧嘴，只好打电话让妈妈来接自己回家。

回到家里，妈妈看着沫沫脚趾上的水泡说：“穿高跟鞋舒服

吗？”沫沫摇摇头，说：“妈妈，您为什么天天穿高跟鞋？”妈妈无奈地说：“妈妈是工作要求才穿高跟鞋的啊，你没看到妈妈一到周末就会换上运动鞋吗？”沫沫还是很纳闷：“您穿高跟鞋也难受吗？”妈妈点点头，说：“当然，你看！”说着，妈妈脱掉高跟鞋，让沫沫仔细看她的脚掌。沫沫发现妈妈的脚掌上有两个厚厚的茧，问：“这是穿高跟鞋磨的吗？”妈妈告诉沫沫：“是的，一开始是水泡，时间长了就成老茧了，走路还硌脚呢，所以妈妈每隔一段时间就要去修脚。”看着沫沫惊讶的表情，妈妈继续说：“你还是小孩子，脚部还没有发育成形，这么早穿高跟鞋，不仅会磨出老茧，还有可能导致脚部畸形。因为穿高跟鞋时你的身体的重量都压在前脚掌上，会使你的足弓塌陷或者拇指外翻，导致骨头变形。”沫沫看着自己脚上的大水泡，说：“妈妈，我以后再也不穿高跟鞋了。”妈妈笑了，说：“等你到了二十岁以后，脚部发育定形，也可以偶尔穿高跟鞋啊。高跟鞋也有好处，例如让人增高，让身形挺拔，所以爱美的女人都喜欢穿高跟鞋，只是不要穿得太早。”沫沫吐了吐舌头，不好意思地笑了。

每个青春期女孩的心中都有一个梦，那就是渴望自己快快长大，穿上和妈妈一样的高跟鞋。孩童时代，女孩就喜欢穿着妈妈的高跟鞋在屋子里走来走去。尤其是《灰姑娘》等童话故事更是强化了高跟鞋对女孩的意义，所以大多数青春期女孩都渴盼着自己能够穿上高跟鞋。

然而，青春期女孩正处于身体快速生长和发育的阶段，骨骼发育还没有定形，骨质柔软，很容易发生变形，因而并不适合穿高跟鞋。高跟鞋的根部又细又高，让脚部承受全身的重量，会使得脚部的形态发生变化。此外，青春期女孩的骨盆发育也没有成形。骨盆有维系身体重心、平衡身体上下结构的重要作用，过早穿高跟鞋会导致女孩的骨盆负荷过重，引起骨盆口狭窄或畸形，日后有可能造成分娩困难。除了给脚部、骨盆造成压力之外，穿着高跟鞋还会导致膝骨关节炎，对正常生活造成一定的影响。

总而言之，穿高跟鞋对青春期女孩有百害而无一利。女孩爱美是天性，但也要等到自己发育成熟之后再去追求美，而不应盲目爱美损伤自己的身体。当然，青春期女孩可以穿低跟的鞋子，例如高度不超过三厘米的坡跟鞋，这样既追求了美丽，又兼顾了身体健康，可谓一举两得。

④—— 个性不是五颜六色的头发，而是独一无二的人格

自从进入青春期之后，沫沫变得越来越叛逆，虽然她心里觉得爸爸妈妈说的话是正确的，面子上却总不肯表示顺从。这不，沫沫叫嚷着要去染发，妈妈极力反对，苦口婆心地劝道：“沫沫，你还是初中生呢，不能染发。染发对身体不好，而且五颜六色的头发看起来流里流气的，很难看。”对此，沫沫不以为然地反驳妈妈：“妈妈，您 OUT 啦。我们班里有很多女生都染发，不过大多数都是全部染成一个颜色，我觉得笑笑染得最好看。笑笑的头发五颜六色的，我也想染成那样，一眼看去，非常突出，别人想不看我都难。”妈妈使出了浑身解数，也没有打消沫沫染发的念头。

周末，沫沫就拿着自己的压岁钱去染发了。看着沫沫顶着五颜六色的头发回家，妈妈啼笑皆非，说：“你这就叫有个性啦？看起来一点都不美！”沫沫不管妈妈说什么，自己心里喜滋滋的。有一次，沫沫去参加一个才艺大赛，她原本以为自己五颜六色的头发一

定会吸引所有人的注意，但是在两两对决的时候，她竟然输给了一个看起来并不起眼的黑发女孩，这个女孩最后还获得了冠军。沫沫很伤心，自己惹眼的发色并没有帮自己赢得人们的喜欢，反而让她成了大家的笑柄。

回家之后，沫沫气呼呼地对妈妈说：“妈妈，我要去把头发染回来。”妈妈了解情况后，笑着说：“是啊，所以妈妈才不让你盲目地染发啊。你看看，除了理发店为了宣传的发型师，谁会把自己的头发染成一个大拼盘呢！要知道，五颜六色的头发不代表个性，唯有特立独行的人格才是个性，才能够帮你赢得大家的关注与喜爱。”沫沫点点头，说：“妈妈，我知道了。”

青春期也是女孩的叛逆期，在14岁前后，女孩的叛逆心理特别强。她们有自己的一套行事方法，喜欢和大人对着干，让父母很是头疼。在这个阶段，父母根本不知道如何教育她们，也不知道如何更好地与她们相处。实际上，无论是男孩还是女孩，在青春期出现叛逆心理都是很正常的，父母要掌握一定的教育方法，才能避免与女孩发生剧烈冲突，更好地引导和教育她们。

事例中，妈妈在劝说沫沫无果之后，并没有采取高压政策和手段强制沫沫，而是让沫沫自己做出选择和决定，自己去领悟妈妈所说的道理。的确如此，父母再明智也不可能代替孩子成长，该走的弯路孩子总要亲自走过才会明白一些道理。在保障孩子安全的情况下，父母不妨让孩子碰一碰壁，这样孩子对成长才有更加深刻的领悟和感受。此外，还有些青春期女孩好奇心特别强，一味禁止并不能使她们打消尝试的念头，反而让她们更加跃跃欲试。在这种情况下，不如放手让女孩去尝试，让她们自己去感受。

不可否认，青春期的女孩经常陷入迷惘，作为女孩成长的陪伴者，妈妈要引导女孩形成正确的人生观、价值观和世界观。不过，面对叛逆的青春期女孩，妈妈一定要讲究方式方法，从而恰到好处地打动女孩的心，把话说到女孩心里去。否则，一旦激起女孩的叛逆心理，就会导致事与愿违，教育的效果也会大打折扣。

⑤ 保护眼睛，不要让眼镜成为美丽的杀手

从幼儿园中班开始，四岁的娅菲就开始学习拉丁舞，转眼之间，八年的时间过去，读六年级的娅菲拉丁舞跳得非常好，经常四处参加比赛。然而，国庆期间，因为娅菲总说眼睛看不清楚，妈妈特意带着娅菲去医院检查眼睛。真是不查不知道，一查吓一跳。原来，娅菲的眼睛已经有一百多度的近视了。妈妈很苦恼，毕竟妈妈想让娅菲一直跳拉丁舞，如果戴上眼镜，娅菲还怎么跳热烈的拉丁舞呢？

娅菲还这么小，眼部发育不成熟，戴隐形眼镜虽然美观，但是用眼卫生没有保障。如果戴框架眼镜，时间久了眼睛会变形，还影响美观。如果不戴眼镜，娅菲又看不清楚黑板。思来想去，妈妈还是决定给娅菲戴框架眼镜，而每次跳舞的时候，就把眼镜摘下来。娅菲原本美丽的大眼睛，就这样隐藏在眼镜后面，妈妈觉得很心疼。

现代社会，孩子的学习压力大，在完成学校的课程学习之后，还要四处上补习班，完成繁重的作业。与之前的孩子相比，现在孩子的童年负担非常沉重。他们没有时间玩耍，没有时间在户外奔跑，整天在台灯下埋头写作业，很多孩子小学的时候就已经戴上了眼镜。不得不说，眼镜对孩子的成长影响很大，鼻梁上架着眼镜，孩子便无法随意快乐地奔跑。尤其是对青春期女孩而言，一旦戴上眼镜，再美丽的大眼睛都会被眼镜遮住，失去神采。

青春期女孩正处于身心快速发展的阶段，这个阶段的学习任务过重，因而很容易导致用眼过度。要想让美丽的眼睛绽放出神采，就要爱惜眼睛。首先，青春期女孩要定期检查视力，随时了解自己的视力情况，以做好防范措施。其次，尽量少使用电子产品，不要因为过度用眼引起近视眼。如今，很多青春期女孩都喜欢用电脑、玩手机，对电子产品依赖过度，导致视力急剧下降。再次，要多进行户外运动。很多眼科专家都认为，要想缓解孩子的视力疲劳，带他们进行户外运动，向远处眺望，或者多看看绿色清新的东西，都很有效。最后，如果真的出现视物模糊的情况，一定要及时检查视力，及时佩戴度数合适的眼镜，这样才能避免视力持续恶化。总而言之，眼睛是心灵的窗户，青春期女孩一定要好好保护它们。

⑥—— 保持个人卫生，做一个人见人爱的清新女神

自从进入青春期，娅菲觉得自己的体味越来越重。有的时候，一天不洗澡浑身就油腻腻的，头发也散发出浓重的头油味道。尤其是在炎热的夏天，当“好朋友”到来时，娅菲更是觉得身上散发着难以形容的味道。娅菲苦恼不已，她想当香喷喷的女孩，不喜欢当臭烘烘的女孩。

一天，娅菲在妈妈面前抱怨：“妈妈，我怎么这么臭呢？我怎么才能变得香起来啊！”妈妈闻了闻娅菲，说：“不臭啊，这是荷尔蒙的味道，因为你正处于青春期啊！”娅菲委屈地说：“但是，我不想要这样的味道，我只想保持清新的味道。”妈妈说：“其实，每个女孩进入青春期后，都会因为身体发育导致体味越来越重，这种味道是从内而外散发出来的，不能从根本上消除。不过，你可以想办法缓解，例如你觉得头发油腻，那么可以及时清洗头发，这样头发就能干净清爽。如果你觉得体味浓重，就可以经常洗

澡，尤其是夏天每天都要洗澡，冬天也可以两三天洗一次澡。这样一来，体味就会及时消除，而不会因为不断积累散发出难闻的味道。”娅菲点点头，说：“好的妈妈，我现在就去洗澡。你可以为我准备花香味道的沐浴液吗？”妈妈回答：“当然可以。”娅菲亲昵地对妈妈说：“妈妈，谢谢您。”

娅菲的苦恼很多女孩都会有，这并非因为女孩本身臭，而是因为女孩进入青春期后体内会分泌出大量荷尔蒙，使体味加重。在度过青春期之后，女孩的体味就会渐渐恢复正常。正如事例中妈妈所说的，女孩的体味是由内而外散发出来的，无法从根本上消除。要想冲散浓重的体味，女孩只能勤于清洁自己的身体。

通常情况下，女孩从头到脚都要讲究卫生。首先，油性肤质的女孩一定要定时洗澡，天气热的时候每天都要洗澡，天气冷的时候也可以隔两三天洗一次澡，至多不要超过一周。当然，很多女孩喜欢西式的生活方式，如果时间充足，早晨也可以冲澡，让自己神清气爽。其次，女孩的阴部卫生非常重要，要定期清洗阴部，保持阴部干爽清洁。需要注意的是，在“好朋友”到访期间，最好采取淋浴，避免盆浴和坐浴，因为在月经期间细菌容易上行，导致细菌感染。如果是平常的日子，则可以坐浴或盆浴。洗阴部一定要专盆专用，而且清洗的时候要从前往后，这样更加卫生。再次，选购内衣和卫生用品时，如果经济条件允许，应该尽量选用高品质的用品，不要买便宜的东西。价格过于低廉的东西通常材质不好，很容易引起副作用。而且在清洁内衣的时候，内裤要用专门的盆，千万不要和袜子放在一起洗涤。最后，所谓的干净清爽，并不只是一味清洁，日常穿着也要尽量穿舒适透气的衣服，这样才能保持身体干燥清爽。

7—— 抽烟喝酒文身不叫酷，爱运动的姑娘才夺目

进入初中之后，娅菲发现班里的女生都变得复杂起来。有几个女生居然偷偷地躲在厕所里抽烟，周末，还会聚在一起喝酒。娅菲看到其他同学的行为，非常惊讶。按捺不住自己的好奇心，娅菲也尝试着抽了一次烟，但是她马上就被香烟呛得连声咳嗽。有了第一次之后，娅菲禁不住同学的劝诱，又尝试着抽了几次。渐渐地，娅菲居然开始迷恋抽烟了，并且觉得自己抽烟时很酷。

一天放学回家，妈妈闻到娅菲身上浓重的烟味，质问娅菲："娅菲，你身上怎么有烟味呢？"娅菲生怕妈妈发现自己的秘密，赶紧洗澡换衣服。换好衣服，妈妈继续追问娅菲："娅菲，你抽烟了吗？"看着娅菲心虚的眼神，妈妈心中已经有了答案。她对娅菲说："娅菲，抽烟有害健康，对身体有百害而无一利。香烟里有大量尼古丁，那是致癌物，现在有健康意识的人都不抽烟了，你可不要因为好奇而沾染香烟啊。"娅菲嗫嚅着说："可是班里好多人都

抽，我如果不抽，总觉得 OUT 了。”妈妈笑着摇摇头：“对女孩而言，抽烟绝不是时尚的表现，有很多东西你们可以去尝试啊，例如画画、瑜伽、徒步等，爱运动、爱健康才是时尚潮流呢！运动不但能够增强体质，而且能够增强肺活量，还有助于塑造优美的形体，对身体有很大的好处。”娅菲若有所思地点点头，说：“妈妈，那您可以陪我一起运动吗？”妈妈点点头，当即答应：“当然可以，我们明天就开始。”

经过一段时间的运动和锻炼之后，娅菲感觉自己的身体越来越轻盈，气色越来越好，而且精力充沛，不管是在学习上还是生活上，都变得更加积极起来。

青春期女孩以为抽烟、喝酒、文身是时髦，是酷，但实际上，新时代的生活观念不断更新，运动作为一种健康的生活方式，已经成为越来越多人的选择。适度的运动不但不会使身体感到劳累，还会使身体充满活力，体质变得越来越强。青春期女孩应该远离烟酒，不要随便文身，而要适度运动，这样才能保证身体健康。

需要注意的是，青春期女孩要选择适合自己的运动方式和合适的运动时间，这样才能收到增强身体素质的效果。例如，每天早晨九十点钟，太阳升起，地面的水汽开始蒸发，带走一部分的灰尘，这时候的空气相对比较清新，是锻炼身体的好时机，周末女孩可以与妈妈或者朋友相约，一起去公园散步或打羽毛球。天气不好的时候，也可以进行室内运动，例如做平板支撑来锻炼腹部肌肉，做蹲起来增强腿部和腰部的力量。哪怕是在床上，也可以进行空中自行车这样的运动，从而消耗脂肪，保持健美的形体。

总而言之，抽烟、喝酒、文身并不能让女孩变得光彩夺目，热爱美丽的青春期女孩，可以试着找到最适合自己的运动方式，从而让自己更健康，充满活力。

第五章
学会保护自己，对自己的安全负责

很多青春期女孩因为缺乏自我保护意识，在社会交往和学习生活中不懂得保护自己，往往让自己受到不必要的伤害。因此，青春期女孩一定要不断提高自我保护意识，学会在危急情况下保护自己的技巧，让自己顺利度过青春期。

①—— 什么是性骚扰，遇到了该怎么办

娅菲虽然才上初一，但因为从小练舞，身材高挑，气质出众，是班里公认的班花，有很多追求者。不仅班里的很多男生都说娅菲是自己的梦中情人，就连老师也对娅菲怦然心动。

娅菲的美术老师是一个刚刚毕业的大学生，他点名让娅菲当美术课代表，每次上美术课都对娅菲格外关注。每当娅菲去办公室抱作业或者有事与老师沟通时，老师都会特意和娅菲聊一些题外话。有的时候，老师还会抚摸娅菲飘逸的头发，说："娅菲，你真漂亮，你是全校最漂亮的女孩。"一开始，娅菲并不在意，直到有一次，老师对她动手动脚，她才意识到老师有些出格。娅菲当即严肃拒绝老师，并且警告老师："老师，您是老师，不要这样对我，否则我会告诉爸爸妈妈，甚至告诉校长。"老师这才有所收敛。后来，娅菲辞掉了美术课代表的职务，尽量避免跟美术老师单独相处，如果必须接触，她也会和其他女同学相伴而行。看到娅菲的坚

决态度和有效的自卫措施，年轻的美术老师再也不敢对娅菲说轻浮的话或做出轻浮的举动了。

事例中美术老师对娅菲的行为已经可以定义为性骚扰了。与很多人都对性行为的理解过于狭隘一样，也有相当一部分人对性骚扰的定义不明确。通常情况下，人们认为只有强迫他人发生性行为才叫性骚扰，实际上，广义的性骚扰涵盖很广，任何人只要对他人做出不被他人欢迎的性要求，或者是采取猥亵的手段侮辱他人、侵犯他人，以及对他人说出下流的话，或者是故意在他人面前暴露自己的隐私部位，就属于性骚扰。总而言之，不管是在语言上还是肢体上，做出关于性的诉求或者是表现出性的相关动作，导致他人身心受到伤害的，都属于性骚扰的范畴。懵懂无知、缺乏自我保护意识的青春期女孩更容易受到性骚扰，因此，妈妈要向女孩讲解性骚扰的定义，让女孩学会分辨善意的接触与恶意的性骚扰，并且教会她们基本的防范措施，进而让她们有效地保护自己。

那么，青春期女孩如何才能避免性骚扰，让自己的青春期无忧呢？首先，要注意保护自己的隐私，当发现有异性过于亲近自己时，一定要保持距离，更不要与家人之外的任何男性单独相处。其次，青春期女孩正处于爱美的年纪，如今的着装流行风格偏向于暴露和透明。青春期女孩一定要让自己的举止和穿衣打扮符合礼仪，切勿轻浮。再次，在人多拥挤的场合，要注意与他人之间保持安全距离。现代社会上有很多色狼都会在拥挤的场合吃女性的豆腐，所以青春期女孩更要多多留心。最后，现代社会网络发达，青春期女孩还要净化自己的网络言行，从而让自己的世界更加清净和安全。

②—— 小心谨慎，远离户外活动中的意外伤害

周末，爸爸妈妈带着娅菲一起去郊外野营，同行的还有妈妈的好朋友一家三口。娅菲和妈妈朋友家的女孩琪琪是好朋友，这次能一起野营她们都非常兴奋。在爸爸妈妈们安营扎寨的时候，娅菲和琪琪一起去爬附近的小山坡。

娅菲和琪琪爬上山坡之后，发现了一大片美丽的野花。她们高兴极了，向着野花奔跑过去。正当娅菲埋头采摘野花时，突然听到琪琪发出一声尖叫，她赶紧抬头看去，只见琪琪正痛苦地坐在地上。原来，琪琪被一条不知名的小蛇咬到了。娅菲赶紧冲下小山坡去向爸爸妈妈们求救。听说琪琪被小蛇咬了，爸爸妈妈们吓得脸色发白，马上带着急救包奔向琪琪。看到琪琪的脚腕处有两排细小的牙印，娅菲爸爸长吁一口气，说："没事，幸好是无毒蛇，不过为了安全起见，还要处理一下伤口。"说完娅菲爸爸就从急救包里拿出工具，对琪琪的伤口进行清洗、包扎。简单处理完之后，娅菲爸

爸又让琪琪爸爸开车带着琪琪去附近的医院做进一步处理。确定琪琪无大碍后，琪琪的爸爸妈妈一个劲儿地感谢娅菲爸爸，说："幸好有你在，不然我们真不知道该怎么办。"娅菲爸爸笑着说："户外活动难免会发生各种各样的意外，掌握一些野外生存和急救的知识很有必要。"说完，娅菲爸爸转向娅菲和琪琪，说："听说过一个成语吗？'打草惊蛇'，为了避免被野外的动物咬伤，去草丛或者花丛的时候，最好拿树棍先'打草惊蛇'，这样会比较安全。"

娅菲爸爸说得很对，在草丛或者花丛茂密的地方，因为不知道茂密的花草之下潜伏着什么动物，为了安全起见，最好先用木棍"打草惊蛇"。把里面的小动物赶走后，再进入花丛或者草丛，才会相对安全。

青春期女孩都很喜欢亲近大自然，进行户外活动，因此就要掌握必要的户外活动知识。首先，在户外遇到打雷下雨的时候，一定要及时回到安全的地方，尤其不要去大树底下、高压线下等危险的地方，这些地方容易招致雷电，威胁生命安全。其次，在秋冬季节，天干物燥，山上很容易发生山火。一旦山火肆意蔓延，后果不堪设想。因此，在山上玩耍时，要小心防火，切勿玩火。最后，意外总是不期而至，女孩要想从容应对一切意外情况，就要掌握躲避危险的常识。妈妈可以给女孩安排一些户外活动安全课程，或者在带女孩外出玩耍时进行一些实际演练，帮助女孩提高应对户外危险的能力。

③—— 当生理期遇上体育课

这节体育课的内容是熟悉球类，同学们都欢呼雀跃，而娅菲却一点也不开心。她不喜欢球类，而且恰好处在生理期，因此，她便去向体育老师请假。体育老师不太想让娅菲缺课，说："女生生理期内适度的球类运动是可以进行的。"娅菲听到老师这么说，觉得很难为情，但还是不想上体育课，她还惦记着回教室看课外书呢！所以她红着脸继续说："我肚子疼，想回教室休息。"娅菲搬出了肚子疼的理由，体育老师只好同意了。

娅菲回到教室里，开始安安静静地看课外书。正巧班主任路过教室，看到娅菲便问："娅菲，大家都在下面玩球呢，你怎么没去？"娅菲不好意思地笑了笑，说："老师，我不太方便。"班主任当即明白了娅菲的意思，对娅菲说："其实，生理期也可以进行适度运动，而且这节体育课运动量很小，活动强度也不大，反而是有益于健康的。上次体育老师就反映班里有很多女孩特别娇气，总是找借口不上体育课，老师希望你下次能够克服困难，量力而行，参加体育课，好不好？一则因为体育课在你们的成绩考核范围内，二则适度运动对你的身体也有好处。看书什么时候都可以看，但是体育课很难随时都上，一周才两次，对不对？”娅菲认同地点点头。

生理期遭遇体育课，这是很多青春期女孩都会面对的尴尬。那么，女孩在生理期到底能不能上体育课呢？实际上，生理期进行适度运动能够促进污血的排出，对身体是非常有益的。当然，凡事过犹未及，过度运动或者进行过于激烈的运动，会增大出血量，导致女孩出现贫血、腹痛等症状。因此，女孩在生理期间是否上体育课，要根据老师的课程安排决定。体育老师都学习过生理知识，也会照顾“好朋友”到访的女生，如果是剧烈的运动，会批准她们请假的。而如果是轻微运动，身体也没有特别不舒服，女孩还是要参加体育课，力所能及地活动和舒展身体，这样才能提高身体素质。

从科学的角度而言，适当锻炼身体、增强运动，有助于减轻身体的疲劳，缓解不适症状，女孩生理期也完全可以进行。而且一些户外运动能给女孩带来愉悦的心情，减轻女孩因为生理期而产生的焦虑情绪。当然，有些运动在生理期是禁止去做的，例如上下跳跃、仰卧起坐等需要腰腹部用力的运动。在运动之后，女孩还要注意清洁身体，防寒保暖。需要注意的是，在进行运动时，如果身体有任何不舒适的地方，女孩都要马上停止运动，以免给身体带来损害。

④—— 零食、冷饮向来是健康身体的宿敌

新学期开始后，班主任进行了座位调整，娅菲有了自己的新同桌宋慈。宋慈平时非常喜欢吃零食，每天来学校的时候总是背着半书包的零食，薯片、薯条、巧克力、火腿肠、饼干，几乎应有尽有。而且，宋慈还经常跟娅菲分享零食，让娅菲尝到了很多之前从未吃过的美味。渐渐地，娅菲也变得喜欢吃零食，也经常买零食吃。

有一次，娅菲跟妈妈一起逛超市，妈妈让她挑选自己想要的东西，她就挑了好几包薯片与饼干。妈妈看到之后很诧异："娅菲，这是你想要的东西吗？怎么都是不健康的零食啊？"娅菲点点头："妈妈，这些东西虽然不健康，但是都可好吃了。您之前从没让我吃过，要不是我同桌跟我分享，我差点就要错过这些美味了呢！"妈妈说："就是因为这些东西不健康，妈妈才不让你吃的。你现在正在长身体，总是吃零食会影响你的发育，甚至还会导致肥胖。妈

妈不是不让你吃，只是希望你能吃一些健康的东西，像坚果、牛奶、水果等。”娅菲觉得妈妈太唠叨了，不耐烦地耸耸肩，又到冷藏柜拿了两瓶冰镇的可乐。娅菲的这个举动彻底惹恼了妈妈，妈妈一言不发地将娅菲挑选的零食放回货架，然后表情严肃地走向了结账区。娅菲见妈妈生气了，不敢再任性，只好乖乖地跟过去。

很多零食对身体都是有害的，诸如雪碧、可乐等碳酸饮料，会影响人体对钙的吸收，导致骨质疏松。尤其是冰镇的饮料，过于寒凉，非常不适宜女孩饮用。此外，薯片、薯条等油炸食品，过于油腻且热量惊人，会使身体发胖，让女孩的皮肤状况变差。

很多父母对女孩爱吃零食的情况会表现出两种极端的态度。有的父母坚决禁止女孩吃任何零食。众所周知，人人都有好奇心，越是禁止的东西，越想要去尝试，更何况是没有被满足的口腹之欲呢？因此，如果父母一点零食都不让女孩吃，女孩长期被压抑的欲望一旦决堤，对零食的渴望会更加强烈，会想方设法地瞒着父母偷吃。还有一些父母恰恰相反，对吃零食采取完全放任的态度。女孩甚至拿零食当正餐，影响正餐的营养摄入，导致女孩发育不良，过于瘦弱或虚胖。这两种态度都是不正确的。

实际上，和所有事情都有两面性一样，吃零食也有两面性。首先，在饥饿的状态下，适当吃些零食，可以及时给身体提供能量。例如坚果类的核桃、碧根果、杏仁等，对身体都是有益的。其次，心理学家研究发现，吃零食能够帮助人们调整情绪，缓解压力。很多青春期女孩因为学习压力大，经常心情焦虑，在这种情况下，妈妈可以为女孩准备一些坚果、牛奶，或者是有助于稳定情绪的水果，从而帮助女孩减轻压力。再次，健康地吃零食必须适度，而且要选择有益健康的食物。像可乐、雪碧、薯片等冷饮和膨化食品都是对身体无益的，一定要严格控制摄入量。而水果、坚果等则对身体有益，可以在两餐之间适当补充。当然，不管吃什么都要讲究卫生，千万不要在手部不干净的情况下把零食塞到嘴巴里，否则很容易感染病菌。

5—— 面对陌生人的求助，先要理性分析

娅菲读初一的时候，班里很多同学都已经独自上下学，虽然娅菲家住得比较远，但是她也想像其他同学一样自己上下学。妈妈担心路上不安全，迟迟没有答应娅菲的请求。后来，妈妈经不住娅菲的请求，便对娅菲进行了安全培训，让娅菲学习必要的安全知识。在通过妈妈的安全考核后，娅菲终于可以独自上下学了，她觉得很高兴，每天一放学就去搭乘公交车回家。

一天放学，娅菲看到一个阿姨满脸焦急地站在路边。看到娅菲走过来，那个阿姨拉住娅菲，问："小姑娘，你知道东花岗怎么走吗？"娅菲当然知道，因而热情地为那个阿姨指路。这时，阿姨说："小姑娘，我对这边不熟悉，你说的很多地方我都不知道。能不能耽误你几分钟，麻烦你把我带过去呢？我赶着要去看一个病人。"娅菲想了想，说："好吧，不过咱们要快一些，不然妈妈见我没有按时回家，一定会着急的。"走了几分钟，那个阿姨突然一

拍脑门，说："哎呀，小姑娘，我忘记买看望病人的礼品了，你知道这附近哪儿有大超市吗？我想去买点儿东西。"娅菲意识到这个阿姨有点儿不对劲，因而赶紧说："您自己去前面问吧，或者也可以用导航，我先回家了。"说完，娅菲就快步走开了。

回到家里，妈妈问娅菲为什么回家晚了，娅菲说："妈妈，我刚才在路上遇到一个阿姨让我给她带路。我原本想拒绝，但又觉得应该乐于助人，就带她去了。但是走到半路，她又说要去什么超市，我觉得不对劲，就赶紧回家了。"妈妈笑着说："嗯，看来安全培训没有白做。"娅菲说："但是妈妈，我觉得我做得也有点儿不对，我不应该给那个阿姨带路，哪怕她看上去很着急。""为什么呢？"妈妈想让娅菲自己说出理由，娅菲想了想说："您还记得您给我讲的那个小护士遇害的故事吗？她就是看到孕妇动了善心，所以送孕妇回家，结果被孕妇和她老公杀害了。"妈妈点点头，说："不能和陌生人走，更不能和陌生人进入封闭或者偏僻的场所，不然一旦遇到危险，就无法求救。"娅菲重重地点点头："放心吧，妈妈，以后再遇到这种情况我就有经验了，我不会靠近陌生人的。"妈妈赞许道："是的，不管是老年人还是年轻人，也不管是男人还是女人，坏人的脸上从不写字，所以你一定要提高安全意识。"

事例中娅菲提到的那个护士是一个青春期的少女，正在医院实习。护士在外出的路上遇到一个手提重物的孕妇，孕妇请求护士把她送回家，护士心地善良，完全没有意识到危险即将来临，不但帮她提东西，还把她送到了家门口，结果却被孕妇及其丈夫残忍地杀害了。实际上，孕妇的犯罪是有预谋的，为了满足丈夫的生理需求，残忍的她不惜残害一个美丽的、好心帮助她的少女。正如妈妈所说，坏人脸上没有写字，所以，青春期女孩一定要与陌生人保持距离。

青春期女孩的妈妈也要提高安全意识，及时给女孩讲解安全知识，引导女孩更好地保护自己。对女孩而言，任何情况下都不要与陌生人过分接近。对那些要求带路的陌生人，可以让他们去十字路口找警察。哪怕对方是问路，也要保持距离，因为有些坏人随身带着迷药，会使人瞬间失去意识。总而言之，父母对青春期女孩的保护应该是全方位的，但是意外总是随时发生，所以提高女孩的安全意识，让女孩学会保护自己，才是最重要的。

⑥ 独自旅行并不美好，隐形伤害如影随形

初二的时候，娅菲在网上认识了一个网友。这个网友和娅菲网聊了一段时间，对娅菲印象很好，娅菲也很喜欢这个网友，因此，他们相约在网友的城市见面。暑假时，娅菲向爸爸妈妈撒谎说自己要去好朋友家里住几天，然后偷偷用零花钱买了车票去了网友所在的城市。

大巴车距离目的地越来越近，娅菲给那个网友打电话："我穿着红色的上衣，黑色的裤子，脚上是小白鞋。"坐在娅菲身边的乘客不停地偷瞄娅菲，等到娅菲挂断电话，那位乘客开始与娅菲搭讪："小姑娘，这是第一次出远门吗？"娅菲摇摇头，说："不是。"那位乘客又问："小姑娘，有人去车站接你吗？没有的话，我可以当你的导游。"娅菲感受到对方异样的热情，不由得起了戒备心。后来，那位乘客还给娅菲留了电话，说："这样吧，咱们坐在一起就是缘分，如果遇到什么为难的事情，你可以

给我打电话。”娅菲的小心脏怦怦乱跳，不停地祈祷着自己不要遇到坏人。

在车站见到网友，娅菲很失望。原来，这个网友与照片相差很多，并非像她想象中的那么完美，最重要的是，娅菲觉得他吊儿郎当的，不太可靠。然而，娅菲已经和网友见面，想要避开也晚了。她只好硬着头皮和网友一起吃饭，而且入住了网友介绍的宾馆。直到晚上九点多，网友才离开，相约明天一大早就来看娅菲。网友走了之后，娅菲当即带着随身的背包离开了宾馆，自己另觅住处。次日，网友虽然给娅菲打了很多电话，娅菲都借口说自己去了表姐家里，拒绝再与网友见面。实际上，娅菲根本没有什么表姐在这个城市，而是买了次日的车票迫不及待地逃离了。

青春期女孩缺乏生活经验，安全意识也不够强，因而很容易受到他人的蒙骗。幸好娅菲机灵，没有住在网友给她推荐的宾馆里，而是自己重新找了住处，也在次日及时回家。网络是虚拟的，人们在上面可以随意伪装自己，坏人也可以装作好人，让人无法判断其真实品质。青春期女孩与网友会面被网友伤害的新闻屡见不鲜，任何人都应该提高自我保护意识，防止被网友欺骗。而且，青春期女孩切不可瞒着父母独自一人去陌生的城市与网友见面，否则一旦遇到危险，就很难得到救助。

毕竟女孩身单力薄，独自去旅行难免会受到很多意料之外的伤害。对女孩而言有些伤害是隐形的，例如独自住酒店半夜被敲门时造成的心理阴影，被黑心导游扔在半路时的无助，这些隐形伤害会伴随着女孩的成长，对女孩的心理健康造成不良影响。所以明智的女孩要懂得保护自己，不要轻易去涉险。另外，青春期女孩可以多跟身边的同学、朋友相处，而不要把情感寄托在虚拟的网络上。

⑦—— 你的朋友圈会影响你未来的人生

娅菲独自上下学后，妈妈为了方便联系给娅菲配了一部手机。有的时候娅菲回家晚了，妈妈可以打电话询问情况；每天早晨，娅菲安全到达学校后也会给妈妈打个电话报平安。一个周末，娅菲去洗澡了，把手机放在沙发上，妈妈无意间拿起娅菲的手机一看，不由得惊叹：这个小家伙还挺厉害，QQ、微信都有。

妈妈打开娅菲微信一看，娅菲的朋友圈简直五花八门，也不知道什么时候，娅菲还加了一些做生意的人，里面有卖化妆品的，有卖衣服的，还有卖鞋子和保健品的。妈妈不由得皱起眉头。找到一个合适的机会，妈妈问娅菲："娅菲，你的朋友圈里怎么那么多人啊？里面有多少是你的同学？"娅菲不好意思地笑了，说："都是些乱七八糟的人，班里很多同学都没有手机。"妈妈正色道："娅菲，朋友圈虽然是虚拟的交友空间，但是正如古人说的，近朱者赤，近墨者黑。不管什么时候，你都要记住这条交友的原则。如果你的朋友圈充斥着化妆品、保健品广告，那么你的学习多少会受影响！要知道，你正处于青春期，朋友对你的影响会很大。还记得妈妈给你讲过的‘孟母三迁’的故事吗？朋友圈是你生存的网络环境，妈妈希望你能净化一下。”娅菲若有所思。原本，她还因为妈妈过多干涉而有些抱怨呢，直到有一天，她被人莫名其妙地拉进了一个有赌博性质的微信群后，她才明白妈妈的担心，意识到朋友圈对自己成长的重要作用，不用妈妈提醒，她当即清理了自己的朋友圈。

孟母三迁为的是让孟子有好的生活环境，从而耳濡目染，决定人生的方向和道路。朋友圈尽管是虚拟的交友空间，但是对青春期女孩而言，它的影响作用不容小觑。很多时候，女孩看到朋友圈里正能量的内容会呈现出一种积极向上的状态，而看到负能量的东西时难免会失落消沉。因此，在这个信息化时代中，妈妈除了要在生活中全方位关心和照顾女孩之外，也要更多地关注女孩的精神世界。很多妈妈都知道“近朱者赤，近墨者黑”的道理，但是她们误以为只有现实生活中的朋友才会影响女孩的成长，因而对女孩的网络行为不闻不问，导致女孩过早、过多地接触网络上的不良信息，影响女孩的健康发展。

网络的力量是巨大的，如今很多人都生活在半虚拟的世界里，朋友之间的交流更多地以朋友圈的方式展开。因而，妈妈也要关注女孩的朋友圈，避免女孩受到潜移默化的影响，导致人生出现偏差。

⑧—— 改变命运靠的是努力，不是整容

到了初三，娅菲更加爱美了，不止一次在妈妈面前提起自己单眼皮不够漂亮，鼻梁不够高。妈妈对娅菲说：“你们这些小丫头真是贪心，妈妈小时候有个苹果吃就高兴坏了，哪里像你们现在这样吃得好穿得好，还嫌弃这嫌弃那。”每当这时，娅菲总是说妈妈落伍了，还说某某明星就是凭借整容后的美貌才在选秀比赛中脱颖而出的。

在抱怨一段时间没有效果之后，娅菲索性直接对妈妈说：“妈妈，我想割个双眼皮。”妈妈惊讶得张大嘴巴，不知道说什么，娅菲却依然态度坚决：“妈妈，我拉丁舞跳得非常好，但是有些比赛老师不让我参加，一定是觉得我长得不够漂亮。如果能割个双眼皮，再把鼻梁垫高，我一定会成为老师面前的红人，得到老师的喜爱。”看到娅菲认真的神情，妈妈不得不慎重对待这件事情。为了打消娅菲整容的念头，妈妈在网络上找了很多整容失败的新闻给娅

菲看，对娅菲说："整容的风险很大，你想那些刀子在你的脸上动来动去，一个不留神，很容易发生事故的。而且，整过容的人看起来多少有些不自然，难道你喜欢那样僵硬的自己吗？"看到那些人整容失败后的样子，娅菲沉默不语。妈妈继续说道："娅菲，妈妈希望你能知足。你希望自己能变得更好，但是不能违背自然生长的规律。就像你现在学习跳舞，哪怕花再多的钱，只要能拿得出来，妈妈都愿意为你花。但是整容的钱妈妈一分也不会出，整容对你的健康成长有不好的影响，在你成年之前，妈妈绝不允许你做出错误的决定。而且妈妈相信，老师不会因为你整容变漂亮就对你有所偏爱，只要你努力练习跳舞，总有一天老师会对你刮目相看。你觉得呢？"娅菲虽然暂时还没有想明白妈妈所说的道理，但是她知道自己要把整容的事情缓一缓，真正考虑清楚后再决定做不做。

近年来不少少男少女凭借选秀节目进入公众的视野，成为大红大紫的偶像。这种一夜成名的故事点燃了很多女孩心中的明星梦，让她们变得浮躁，变得急于求成。然而，她们只看到他人的成功，却没有看到他人在背后付出的努力。在这个世界上，没有任何人的成功是从天而降、一蹴而就的，命运从来不会偏爱任何一个人，所以女孩要想成功，首先要不断学习，不断提升，让自己成为独一无二、有实力、有魅力的人。

另外，随着整容潮流越来越热，很多女性都选择走入整容医院改变自己的容貌。实际上，整容医院的资质良莠不齐，一旦整容失败，带给女性的将是终身的伤害。因此，青春期女孩不要过分追求外在的美丽，要明白内在的善良与美好更容易让人倾倒，只有不断充实自己，拥有自己的特点与个性，才能让自己成为与众不同的存在。明智的女孩应该知道，自然的容貌也是一种美，一个人只有尊重生命，才能得到生命的善待。妈妈要引导女孩形成正确的审美观，不能任由女孩盲目跟风去整容。尤其是青春期女孩的身体发育还不完全，如果在发育期间遭到重创，会影响女孩的一生。总而言之，青春期女孩只要没有严重影响美观或者阻碍身体发育的先天缺陷，最好不要动整容的念头。

第六章 保持心理健康，做个人见人爱的好女孩

青春期女孩不但在身体上处于快速生长和发育的阶段，心理上也处于急剧的变化之中。面对青春期的迷惘和困惑，妈妈一定要当好女孩的领路人和守护人，让女孩学会调整自己的内心，成为心理健康的快乐女孩。

①—— 问题少女很幼稚，成熟女孩惹人爱

正在读初二的小艾并不像大多数女孩那么温顺乖巧，她的性格更像男孩，做起事情来不管不顾，任性妄为。受社会上不良青年的影响，小艾不但学会了抽烟喝酒，还经常逃学和社会上的小青年一起玩乐。

没过多久，不懂得如何保护自己的小艾就怀孕了。她没有向妈妈求助，也没有告诉自己的朋友，而是偷偷地去医院堕胎，结果导致大出血，险些丢了性命。原本，妈妈以为小艾经历过这样的挫折之后能够有所收敛，没想到小艾非但没有变得好一些，反而更加叛逆，变得自暴自弃。有一段时间，小艾经常醉醺醺地回家，她的逃学已经从偷偷摸摸变为明目张胆，妈妈无计可施。爸爸曾经打小艾，然而小艾大喊大叫："再打我，我就离家出走，永远不回家，让你们再也找不到我。"每次说起小艾，妈妈都眼泪汪汪的，小艾已经成为妈妈最大的心病，这到底如何是好呢？

在人们的印象中，青春期男孩似乎更加肆意张扬，其实，青春期女孩一旦突破了心中的自律和约束，她们的放纵往往比男孩更加严重。

实际上，很多问题少女之所以出现各种恶劣的行为，是因为想要吸引父母的注意。尤其是在孩子比较多的家庭里，父母对待孩子很难做到完全公平公正。这种情况下，遭遇冷待的孩子会心中失衡，常常做出出格的举动，从而吸引父母的关注。一部分青春期女孩之所以那么叛逆，也是出于这样的心态。当然，很多情况下，女孩们并不知道自身叛逆和顽劣的根源在哪里，更不知道她们所做的一切都在表现对爱与关注的憧憬和渴望。在这种情况下，父母应该更多地关注女孩。尤其是妈妈，当女儿的心理状态出现异常时，妈妈应该成为女儿的贴心人，用爱与包容走入女孩的内心，打开女孩的心结。

还有些女孩之所以很叛逆，是因为她们觉得那样的自己很酷。殊不知，真正的酷不是让人看到就皱起眉头，而是成熟优雅，成为自己情绪的主人，认真对待自己的人生。一直以来，传统观点都认为女孩需要依赖他人生活，那么对女孩而言，做自己的主人，掌控自己的人生，就是一种酷。还记得电视剧《欢乐颂》中的安迪吗？相信你一定认为安迪很酷，但是安迪不是问题女孩，而是乖女孩，她的酷来自于她的独立、美丽。所以说，妈妈要引导女孩树立正确的观念，不要让她们误以为所谓的酷就是把天都捅破。

②—— 逃避无法解决问题，青春就该勇往直前

正在读小学六年级的若琳已然女大十八变，成为班里的班花。若琳不但身材高挑，长相靓丽，最重要的是她还才貌双全。在班里，她几乎每次考试都拿第一，而且自律能力很强。因而，六年级刚开学，老师决定进行班委调整，提名让若琳当班长。面对老师的好意，若琳犹豫了。她虽然也想当班长，但六年级的课业很重，当班长必然会分散学习的时间和精力。她知道老师是想栽培她，锻炼她的能力，如果拒绝老师，辜负了老师的一番好意，又觉得对不起老师。老师让若琳周一上课时给他答复，若琳想来想去，不知道该怎么抉择。眼看周末都要过完了，纠结的若琳还是没有答案，于是就哀求妈妈，让妈妈帮她向老师请假，周一不去上学，这样她就可以晚一天做选择了。

妈妈很奇怪，若琳既没有生病又没有其他紧急的事，不去上课是为什么呢？在妈妈的追问下，若琳说出了事情的原委。妈妈听

完笑着问若琳："琳琳，你还记得妈妈曾经买过甘蔗给你吃吗？"若琳点点头。妈妈说："那么你觉得，甘蔗哪头更甜一些呢？"若琳想了想，回答妈妈："根部那头更甜一些，梢的甜味比较淡。"妈妈语重心长地对若琳说："是啊，甘蔗没有两头甜。这是因为甘蔗的梢在顶部，而糖分则堆积在根部。所以当你同时品尝根部和梢部，你会觉得根部更甜。你现在面对的是同样的问题，甘蔗没有两头甜，鱼与熊掌不可兼得，你只要选择自己想做的就可以了。而且，之后你会遇到很多这样的选择，逃避是没有办法解决问题的，只有勇往直前，你才能成为更好的自己。"若琳恍然大悟，说："妈妈，我明白了，我其实是愿意当班长的。明天我就去学校跟老师说明，然后努力协调时间，尽量不耽误学习。这样，我既能为同学们服务，不辜负老师的好意，还能从中得到锻炼。"看着女儿坚定的眼神，妈妈欣慰地笑了。

当班长会分散学习的时间和精力，却能为同学们服务，锻炼自己的能力；不当班长，虽然有更多的时间和精力用于学习，但是会辜负老师的好意，也错过了一次提高自己的机会。最终，若琳意识到自己不可能两全其美，因而果断地进行了选择和取舍。有人说，人生就是不断选择和取舍的过程，这句话非常有道理。任何人都不可能做到面面俱到，青春期女孩必须学会选择和取舍，学会主宰和把控自己的人生。

有人说，年轻就是最大的资本，因为年轻，人生可以有更多的选择。尤其是对青春期女孩而言，任何时候都不要逃避人生。要知道在漫长的人生中要面对很多的艰难取舍，如果一味地逃避而不敢直面人生，那么人生根本无法取得好的结果。也许有些妈妈会说，女孩天生就需要依靠，需要被照顾和呵护，不需要太独立。不得不说，这样的思想完全落伍了。新时代的女孩，不但要撑起半边天，还要有改变和掌握自己命运的能力。当然，这样的能力并非与生俱来的，也不会随着成长自然而然地出现，而是需要妈妈的有意培养。总而言之，对女孩而言，勇敢面对生活的难题是至关重要的。

③——坦然面对人生的挫折，别让自卑害了你

经历了六年的努力学习，若琳考入了心仪的重点初中，开始了崭新的学习生活。然而，进入重点初中之后，若琳却变得自卑起来。原来，重点初中里都是各个小学的尖子生，若琳在小学阶段表现出来的成绩优势突然消失了，她郁郁寡欢，不知道如何才能找回遥遥领先的感觉。

初一下学期，若琳原本光洁细嫩的脸上还冒出了青春痘。看着脸上密密麻麻的痘痘，若琳的心情阴沉得能拧出水来。若琳不知道该如何面对自己，在学习上没有了优势，还因为青春痘变丑了，与同班其他女生相比，她简直就像池底的淤泥，越想越自卑。有一次，班里举行元旦活动，老师希望每个同学都能踊跃表演。若琳小学时是合唱团的领唱，老师听说后很希望她能出一个独唱的节目，让同学们饱饱耳福，而且老师还想让若琳把班级表演作为预演，然后代表班级在学校的庆祝活动中大展歌喉。然而，若琳拒绝了老师

的邀请，她只想躲在没人的角落里。老师不明就里，看到若琳消沉的样子，只好打电话给若琳妈妈，希望妈妈能开导若琳。

妈妈问起若琳为什么不独唱，若琳兴致索然地说："唱歌好有什么用，学习好才是正事。"听到若琳的回答，妈妈意识到了若琳的心理波动，对若琳说："若琳，现在和小学阶段不一样了。小学阶段，你是整个学校的学霸，而现在这个重点初中里会聚了来自各个小学的学霸。所谓人外有人，天外有天，妈妈希望你不要给自己太大的压力。任何时候，只要你对学习尽心尽力，爸爸妈妈就会非常满意。"若琳听到妈妈的话，心情稍微放松些，说："妈妈，难道这不是因为我退步导致的吗？"妈妈笑了："当然不是。这个世界上，任何人都不能永远得第一。相反，与事事第一相比，一颗能屈能伸、坦然面对挫折的心才是真正值得欣赏的。一个人再优秀，不能承受生命的打击，也不能称之为强者。妈妈不仅希望你出人头地，更希望你拥有健康快乐的心态，这样你的人生才会快乐。"若琳若有所思，点了点头。在妈妈的一番开导和鼓励下，若琳终于鼓起勇气，报名了独唱节目。

每个女孩都希望自己出类拔萃，不但长得漂亮，而且学习成绩也好。越是优秀的女孩，在遇见比自己优秀的人时就越容易产生心理落差。当曾经的优越感消失后，她们的心态会从一个极端走向另一个极端，从自信变得极其自卑。在这种情况下，妈妈要引导女孩正确对待自己的学习和生活，如果女孩因为青春期的身体发育而对自己不满，妈妈也要帮助女孩悦纳自己，这样女孩才能保持平静愉悦的心境，不至于因为身体的各种变化而郁郁寡欢。

很多女孩心理比较脆弱，自卑心理很重，妈妈要引导她们变得乐观坚强。例如有的女孩觉得自己皮肤太黑，有的女孩觉得自己身材太矮，还有的女孩觉得自己太胖，因而面对外界时总是抬不起头来。实际上，这个世界上有谁是完美的呢？一个人如果连自己都接受不了，就更加不能宽容地接纳世界。因此，坦然面对成长过程中的挫折，接受不完美的自己，对自己充满信心，正是女孩面对人生的有力武器。

④—— 虚荣就是潘多拉的盒子

升入初三之后，若琳的战痘效果不错，她的面部皮肤再次变得光滑起来。在妈妈的鼓励下，若琳也渐渐找回自信，不再强求非要得第一，接受了自己的成绩，也变得快乐起来。

正如人们常说的，女大十八变，越变越好看。如今的若琳娉娉婷婷，就像一朵即将绽放的花骨朵儿。最近妈妈突然发现若琳开始爱打扮了，上个星期若琳让妈妈帮她买一条李维斯的牛仔裤，这个星期若琳又让妈妈给她买兰蔻的化妆品。还有一次若琳要去参加同学的生日聚会，居然向妈妈借铂金项链，还说自己一定要好好显摆显摆。妈妈嗅到了不好的气息，因而提醒若琳："若琳，你还是个孩子，现在要以学习为重。我觉得普通牛仔裤和李维斯的并没有什么区别，而且你戴着金项链去参加生日会也不太安全。最主要的是，你皮肤娇嫩，才刚刚战痘成功，还是不要使用化妆品比较好。"若琳不满意地抱怨："妈妈，班里有好几个女生都穿李维斯的牛仔裤，据说是美国的牌子，很贵的。而且她们还用兰蔻的化妆品，皮肤变得特别白！”

妈妈无奈地看着若琳在穿衣镜面前不停地换衣服，说：“若琳，人对物质的欲望是永无止境的，为了虚荣心去互相攀比，超出自己的能力范围买一些不适合自己的东西，是不会得到真正的快乐的。”若琳看着妈妈严肃的模样，若有所思地点了点头。

女孩长大之后自尊心会越来越强，而且她们心思细腻，总是情不自禁要与他人比较。在这种情况下，妈妈一定要注意观察女孩的心态，避免女孩变得爱慕虚荣、喜欢攀比。正如事例中妈妈所说的，人对物质的欲望永无止境，欲望的阀门一旦打开，就无法关闭。所以明智的妈妈会引导女孩适度装饰自己，而不会任由女孩盲目攀比。从心理学的角度而言，一个女孩如果过于爱慕虚荣，就意味着她的内心非常空虚且缺乏自信。妈妈一定要及时对女孩进行心理引导，帮助她们正确地认识自己。

现实生活中，有些妈妈本身就是爱慕虚荣的，这会给女孩树立不好的榜样，对女孩的成长起到负面的作用。有人说孩子是父母的镜子，折射出父母的样子。因而当发现女孩有爱慕虚荣的苗头时，妈妈一定要及时反省自身，然后再仔细关注女孩的变化，及时引导女孩正确面对物质生活，树立积极向上的人生观、价值观和世界观。

5—— 活出自我，不要过分在意他人的评价

放学回家后，若琳就躲进自己的房间，妈妈叫她吃饭，她却置若罔闻，待在房间里不出来。爸爸小声提醒妈妈："肯定在学校里发生了什么事情，你进去看看吧。"妈妈走进若琳的房间，发现若琳把自己捂在了被子里。妈妈坐在若琳的床沿上，柔声问："若琳，发生什么事情了？告诉妈妈，好吗？"若琳一声不吭，妈妈说着说着不由得着急起来，说："若琳，你想当鸵鸟吗？把自己藏起来就能解决问题吗？"若琳突然小声地哭了起来。

妈妈耐心地等若琳哭完，继续说道："若琳，赶快说吧！"若琳一言不发，从书包里拿出班里同学们共用的"班级日记本"。原来，一个当值的同学写道："今天，大嗓门若琳破坏课堂纪律。"看到这句话，妈妈不由得笑起来，说："你就是因为这个？"若琳委屈地说："难道对一个女孩而言，大嗓门是个很好的形容词吗？"妈妈说："大嗓门虽然不是个褒义词，但也不是贬义词，就

是一种事实的陈述啊。那么，你觉得自己的嗓门到底大不大呢？”若琳沉思片刻，说：“我说话的确声音比较大。”妈妈说：“这就对了，人家记录的是事实，没什么大不了的。我觉得，你大嗓门有可能是受到妈妈的影响，因为妈妈就是个大嗓门。我告诉你，妈妈刚当老师的时候，就因为说话声音太小，被校长批评过好几次。校长说：‘你说话就像蚊子哼哼，后排的学生根本听不到！’那个时候没有扬声器，所以我就只能使劲喊，有意识地提高嗓门。后来，我就成为真正的大嗓门了。”听了妈妈的话，若琳破涕为笑。妈妈又问：“你愿意压低声音假装温柔吗？”若琳摇摇头。妈妈说：“既然如此，更没有什么好苦恼的啦。你就是你，只要遵守课堂纪律，不在课堂上说话，嗓门大一点儿有什么关系，这恰恰说明你身体强壮，中气十足啊！”在妈妈的安抚下，若琳终于恢复平静，不再纠结自己的大嗓门了。

青春期女孩处于变声期，她们的音调会变高，听起来会很尖细，如果再加上大嗓门，可想而知若琳说话的时候一定会引起别人的注意。但是正如妈妈所说，一个人应该做自己，只要不影响他人，不破坏公共纪律，大嗓门并没有什么不好。若琳之所以因为这件在妈妈心中根本不值一提的小事而伤心哭泣，正是她内心敏感脆弱，过于在意他人对自己的看法导致的。

意大利著名诗人但丁曾说：走自己的路，让别人说去吧。这句话很多人都耳熟能详，但是真正做到的人少之又少。当青春期女孩因为他人的评价而烦恼时，妈妈要告诉女孩，每个生命都是这个世界上独一无二的个体，有着自己的个性与特点，没有必要为了迎合别人而改变自己。唯有坚定不移地相信自己，女孩才能爆发出生命的力量，才能从容做自己，活出自己的精彩。

⑥—— 女孩可以温柔，但不能软弱

“坚定不移地做自己”，若琳始终记得妈妈的教诲，时时告诉自己不要因为别人的评价让自己难过。然而，在这次作文比赛上，若琳还是受伤了。原来，若琳的作文一直很优秀，老师评价她文笔流畅，感情细腻，因此特意推荐她代表学校参加全区的作文比赛。若琳原本信心满满地以为能在作文比赛中获得名次，却因为作文跑题，与名次失之交臂。为此，班里很多调皮捣蛋的同学抓住这个机会嘲笑若琳：“若琳大才女，怎么没捧个奖杯回来啊？我真是对你太失望了，就算换我去比赛，也不会这么逊吧！”若琳一开始对同学的话置之不理，后来越想越委屈，忍不住哭了起来。

放学回家后，妈妈看到若琳红肿的眼睛，便询问发生了什么事。若琳向妈妈说明原委，妈妈说：“若琳，这种情况你要反击，因为他们是在故意羞辱你。”若琳委屈地说：“我本来就是大嗓门，如果再反击，岂不是变成泼妇啦？”妈妈哭笑不得，说：“若琳，温柔是一回事，软弱是另一回事。你可以温柔，但是不能怯懦。那些同学作文水平都不如你，虽然你在作文比赛中出现了失误，但是你是抱着为班级和学校争光的心态去的。所以，你不能任由他们欺负你，知道吗？你可以让他们也写一篇试试，如果他们写得好，你就向他们学习；如果他们不愿意写，那就让他们闭嘴。你要捍卫自己的尊严。”妈妈的一番话让若琳变得坚强起来，她对妈妈说：“好的，妈妈，既然这样，那我就对他们不客气了！”

事例中若琳为了班级和学校去参加作文比赛，虽然出现失误，但是出发点是好的，为班级和学校出了自己的一份力。面对那些顽皮同学的故意否定和侮辱，若琳的忍让并不能表现出她的温柔，反而会使同学们觉得她软弱，变本加厉地欺负她。所以妈妈要帮助若琳分清楚温柔和软弱，让若琳适时地温柔，也在必要的时候勇敢地捍卫自己，保护自己。当若琳以强硬态度面对那些故意贬低她的顽皮同学时，他们一定会大吃一惊，再也不敢否定和讽刺若琳了。

一个人即使能力再强，也不可能在每个方面都得满分。平时作文写得好的若琳，在比赛中出现失误也是很正常的。所以除了教会青春期女孩优雅温柔之外，妈妈更要教会她们勇敢地保护自己，面对别有用心的人，能够坚强地进行自卫反击。总而言之，女孩绝不是温柔的代名词，更不应该被贴上胆小怯懦的标签。尤其是在现代社会，女孩不但要坚强自立，也要勇敢无畏，才能活出属于自己的精彩人生。

7 独立有主见，不是盲目叛逆

小雅从小就是乖乖女，不管做什么事情，都会听取爸妈的意见，听从爸妈的安排。所以从呱呱坠地到进入初中，小雅从未自己决定过任何事情。有一次，老师推荐小雅参加奥数比赛，小雅为难地说："老师，您还是直接问我妈妈吧，我都听妈妈的。"老师不由得感到好笑，说："小雅，虽然妈妈是你的监护人，但是你已经读初中了，应该有自己的主见。只有你最清楚自己是否学有余力，还能不能抽出时间和精力来准备奥数比赛。如果你觉得自己可以承受就参加，如果你自己不能承受，难道就因为你妈妈要求你参加，你就勉为其难吗？毕竟不能因为参加奥数比赛而影响正常的学习安排。"老师的话使小雅陷入沉思，后来小雅还是在妈妈的安排下，决定参加奥数比赛。老师从这件事情中发现小雅对父母的依赖性很强，于是专门针对这个问题与小雅妈妈进行了沟通。

妈妈意识到老师的担忧是对的，因而决定对小雅放手，让小雅自己做决定。比如买什么颜色和款式的衣服、如何安排周日的学习和生活，妈妈都会询问小雅的意见。一开始小雅很不适应，但是在感受到自己做主的乐趣后，小雅越来越喜欢这种感觉了。有一段时间，小雅因为晚上睡得晚，早晨起床很困难，为此妈妈想让小雅加快写作业的速度，从而保证充足的睡眠。不想，小雅当即反驳："写作业是我自己的事情，睡觉也是我自己的事情。我就想写完作业看看课外书，不想睡觉。"听到小雅的话，妈妈很惊讶：这还是曾经那个乖巧可爱的女儿吗？后来，妈妈发现小雅在很多事情上都会故意叛逆，她感到很苦恼：看来，小雅是从一个极端走向了另一个极端。

青春期女孩在逐渐成长的过程中，自我意识会越来越强，在这个时期，妈妈要用心培养女孩独立的品质和意志。毕竟，未来漫长的人生之路都需要女孩自己去面对。然而，需要注意的是，独立并不意味着对所有人的意见都持反对态度，而是要求女孩在综合考量他人建议的基础上做出自己的选择。虽然青春期女孩已经长大了，有了自己判断和决定的权利，但由于她们缺乏人生经验，妈妈还应该在一旁给予必要的指导。归根结底，父母有丰富的人生经验，对很多事情的看法比女孩成熟和周到。真正明智的女孩，会适度独立，也会从谏如流，她们有着清醒的头脑，知道要理智考量父母的建议。

很多青春期女孩都特别敏感，在处理事情的时候，她们很容易从一个极端走向另一个极端。对女孩来说，一味服从父母的安排固然会导致她们无法独立面对生活，但缺乏理智判断一味地与父母对着干也不是正确的态度。这时候妈妈一定要起到适度引导的作用，帮助青春期女孩获得更好的成长。记住，不管是过于依赖，还是过于叛逆，对青春期女孩而言都不是最好的状况。

⑧—— 成长的烦恼没人懂，但谁也不能替你长大

自从进入青春期之后，小雅觉得自己的压力逐渐增大，常常一个人躲在角落偷偷哭泣。身体的变化让她感到羞愧和难堪，学习的压力让她的自信心备受打击，与同学之间的关系再也不像小学阶段那么轻松自然，甚至觉得父母也对她很不满意。小雅不知道自己该怎么做，才能让所有人都满意，有段时间，她变得沉默寡言，甚至不愿意和父母说话。妈妈觉察到小雅的异常，很担心小雅的身心发育，因而特意找了时间与小雅交谈，希望小雅能够敞开心扉。

这个周末，正好爸爸不在家，妈妈点了小雅最爱吃的必胜客，对小雅说："乖女儿，今天爸爸不在家，趁这个机会妈妈想和你好好谈一谈，你觉得呢？"小雅看着妈妈真诚的眼神，默默点了点头。一开始，气氛是很沉闷的，妈妈也不知道从何谈起，因而母女之间陷入了尴尬。突然，妈妈脑中灵光一闪，说起了自己年轻时候的事，激起了小雅的兴趣。听着妈妈诉说自己青春期的懵懂情愫，

小雅惊讶极了："妈妈，原来您也这样啊！"妈妈笑着说："当然，每个人都会经历青春期。只不过当年你姥姥不懂青春期，妈妈就一个人非常孤单、非常苦恼地走过了那段日子。现在，妈妈不想让你跟我当初一样无助，希望能陪你一起度过你的青春期。你有什么心事，告诉妈妈好吗？"小雅眼睛里含着泪水，对妈妈说："妈妈，您真好。其实，最近我的情绪真的特别差……"小雅打开了心扉，开始向妈妈倾诉。

听完小雅的倾诉，妈妈觉得非常惊讶，她根本没有意识到平日里沉默寡言的小雅居然有这么丰富的内心世界，而且承受了这么大的压力。妈妈知道自己不可能代替小雅成长，所以她对小雅说："宝贝，每个人都会经历青春期，虽然妈妈知道你很苦恼，也愿意代替你承受所有痛苦，但是你的成长是无人可以替代的。很多事情，你只能自己去经历，去感受，才能渐渐成长起来。比如学习，比如感情上的困扰，妈妈只能竭尽全力帮助你，为你提供便利的条件。妈妈愿意当你坏情绪的垃圾桶，随时听你倾诉，并且保证不告诉任何人，在未经你许可的情况下也不告诉爸爸，好吗？"小雅点点头，破涕为笑："妈妈，那您就是我的知己啦！"妈妈也笑了："没错，妈妈就是想当你的知己，这样你的烦恼忧愁都可以向我倾诉。"

每个女孩在青春期都会遇到很多的烦恼，承受很大的压力，这是不可避免的。事例中小雅妈妈的做法非常正确，她与小雅敞开心扉，在完全放松的环境下进行了交流，有效缓解了小雅的紧张焦虑。如果每位妈妈都能成为女孩的知己，那么女孩的烦恼就会大大减少，在遇到烦恼时，也能够及时倾倒内心的垃圾，让自己轻松快乐地面对学习和生活。

在生活中，妈妈要给女孩起到健康的示范作用，在遭遇不如意的时候，千万不要歇斯底里。就像脾气暴躁的妈妈会养育出脾气暴躁的女儿一样，只有心平气和、从容面对生活的妈妈，才能让女儿平心静气地面对成长路上的烦恼。因此，妈妈在陪伴女孩走过青春期时，一定要先调整好自己的心态，积极乐观地对待生活，这样才能带给女孩正面的影响。

第七章 青春期女孩如何与异性相处

从进入青春期女孩意识到男女有别，相处时需要保持距离，再到对爱情产生憧憬，对异性产生好感，这整个过程中女孩与异性相处时的心理状态都在不断改变，因此会面临不同的苦恼和困扰。青春期女孩要学会与异性相处，才能正确对待与异性的关系，让自己身心健康地成长。

①—— 男生和女生各有其优势

丹丹从小就是个好强的女孩，不管是和男生在一起玩耍，还是入学之后在学习上和男生竞赛，她从未败过下风。然而，自从进入初中之后，丹丹在数理化科目的学习上很吃力，尤其是物理和化学，她更是一头雾水，有的时候连老师讲的课都听不太懂。为此，丹丹开始怀疑自己，觉得自己并不像以前那么优秀了。

期中考试丹丹的化学不及格，物理勉强及格，为此她伤心地向妈妈哭诉："妈妈，我听别人说女生不如男生，真的是这样吗？理化课我学得很吃力，很多原理男生一听就会，我却听不懂。还有体育课，男生也总是占据优势，难道女生真的不如男生吗？"看到丹丹伤心委屈的样子，妈妈很心疼。她摩挲着丹丹的脑袋，心疼地说："丹丹，其实男生和女生都有各自的优势。就从体力上来说，男生体力强，但是女生的身体更柔韧，小动作发展也更好。所以很多男生擅长干体力活，却无法拿起针线包把绽开的裤缝缝补好。

再如，大多数男生都擅长理性思维，在数理化科目上的表现比较突出。相比之下，女生更感性，语言能力强，所以很多女生都选择学习文科。但是，也有很多女性成了伟大的科学家，像居里夫人。这些表现都是相对而言的，并不绝对。总而言之，男生和女生各有优劣势，只要扬长避短、取长补短，就能让自己得到更好的发展。”

听了妈妈的话，丹丹又问：“那么，我的优势在哪里呢？我觉得自己进入初中之后什么都学不好了。”妈妈摇摇头，对丹丹说：“你可不要妄自菲薄，你的优点很多，只不过你没有看到而已，你的文笔很好，又擅长唱歌。一个人一生的成就并不取决于性别，而取决于他们努力的程度。所以哪怕在某些方面处于劣势也没有关系，所谓勤能补拙，妈妈相信你只要努力，一定能够赶超男生。”

有些人认为女孩天生不如男孩，这是非常片面的。正如事例中妈妈所说的，不管是男孩还是女孩，都有自己的优势劣势，唯有摆正心态，不妄自菲薄，才能发挥生命的力量，奋勇向前。

青春期女孩往往心思细腻，自尊心变得越来越强，也变得越发敏感起来。面对很多人对女孩的轻视，她们内心觉得愤愤不平，却又沮丧地发现自己的确在某些方面不如男孩。常言道，尺有所短寸有所长，明智的女孩应该知道，不能拿自己不擅长的去和男孩擅长的比较，而要理智分析，客观评价男孩和女孩的优劣势，从而才能让自己不断成长，变得更加强大。

②——和男生说话总是脸红该怎么办

进入初中之后，曾经最喜欢和男生在一起调皮的丹丹突然间变了，她从“假小子”变成了“小淑女”，甚至连和男生说话都会脸红，这到底是为什么呢？有时丹丹的脸莫名其妙就红了，这使丹丹很尴尬，尤其是当细心的同学发现丹丹脸红时，丹丹就更是恨不得找个地缝钻进去。丹丹越来越苦恼，因为她总是控制不住自己脸红。

有一次，作为语文课代表的丹丹去办公室里送作业，老师让她带话给班里的一个男生。原本，这只是同学之间最简单且最正常的交流，但是丹丹走到那个男生面前，还没有张口说话，脸就红了起来。那个男生的同桌非常调皮捣蛋，他当即大喊大叫：“快看啊，快看啊，丹丹脸红了。”不明所以的同学们也马上跟着起哄，丹丹没有把老师的话带到，就被气得跑出了教室。

丹丹正处在青春期，因而对与异性的接触十分敏感。从小学时期和男孩在一起顽皮捣蛋，到进入青春期之后意识到男女有别，丹丹疏远男孩的行为实际上是青春期正常心路历程的外化表现。如果丹丹不那么害羞，能够落落大方地和男孩说话，就不会被同学嘲笑。害羞使丹丹失去自信，变得胆怯不安，甚至觉得自己就像一个小丑一样暴露在大家的目光之下，任人观赏。当然，不可否认害羞是一种心理状态，也是一种感情屏障，更是胆小内向的人给自己设置的精神茧壳。女孩要想改变害羞的状况，就要首先战胜自己的内心，这样才能坦然从容地面对人生。

那么，如何才能改善青春期女孩和男孩说话脸红的情况呢？马克·吐温曾经说过：人是这个地球上唯一会害羞的生物。害羞不是什么坏事情，心理学家研究发现，害羞的人更加忠诚，也更容易与人倾心交往。如果适度害羞且没有给生活带来苦恼和麻烦，那么就不用过分关注。如果害羞已经严重影响正常的社交，那么青春期女孩就要关注自己的心理状态，必要时寻求心理医生的帮助。青春期女孩应该勇敢地打破内心的枷锁，让自己敞开心扉与异性交往。当然，妈妈也可以多带女孩去各种场合，让女孩经受历练，变得落落大方。

需要注意的是，有些女孩之所以一和男孩说话就脸红，是因为父母平日里管教太严。实际上，父母这样的做法是错误的，每个人都是社会人，都需要与他人发生各种各样的联系，一味地禁止青春期女孩与异性接触，只会让她们变得胆小害羞，甚至出现社交障碍。因而妈妈一定要引导女孩进行正常的社交，帮助女孩健康地成长。

③——与男生交往应该注意方式和分寸

作为丹丹的好朋友、好同学，小乐的脾气秉性与丹丹截然不同。丹丹与男生说话都脸红，小乐却还像小学时一样无所顾忌地与男生在一起嬉笑打闹。

有一段时间，小乐和班里的男孩凯威走得特别近，不但每天结伴上下学，就连课间休息也坐在一起谈笑风生。渐渐地，同学们都说小乐和凯威在谈恋爱。很快，消息传到老师的耳朵里，老师当即找到小乐谈心。老师知道小乐性格外向，因而开门见山对小乐说："小乐，有人反映你和凯威在谈恋爱，是真的吗？"小乐翻翻白眼，调侃道："老师，凯威只是我的好哥们儿。"老师不由得被小乐逗笑："你的意思是，你是男生？"小乐说："我一定是投错了胎，我活脱脱就是个男生啊，所以我怎么会和男生谈恋爱呢。况且，我觉得我还小着呢，不想谈恋爱。"看到小乐坦荡的样子，老师这才放下心来。

沉思片刻，老师考虑好措辞，对小乐说："小乐，虽然你性格大大咧咧，但毕竟是女生，而凯威是个男生。现在你们都处于青春期，还是要保持适当的距离，把关系控制在同学范围内。这样也不至于给其他同学造成负面影响，你说呢？"小乐不知道该说什么，只好点了点头。

事例中的小乐显然是个例，她并没有随着青春期的到来对异性产生特别的感觉，而认为自己依然可以像以前一样与异性肆无忌惮地打闹。在做出这些举动的时候，小乐完全是顺其自然，并没有觉得有什么不妥当的地方。但是，当她与凯威的亲昵举动被同学们看到时，正处于青春期的同学们一定会产生异样的感觉，风言风语也就接踵而来了。

毋庸置疑，每个小生命从呱呱坠地开始就处在各种关系中。先是面对与父母的关系，在父母的关爱与呵护下长大，随着不断成长，他们进入幼儿园，也迈出了走向社会的第一步。接下来，从童年到青春期，再到长大成人，孩子与这个社会的关系越来越密切。与此同时，孩子也必须学会与他人相处，建立良好的人际关系。当然，青春期是一个敏感的时期，青春期男孩与女孩感情微妙，更要把握好交往的分寸。把握分寸一定要适度，既不要谈到异性就感到害羞或胆怯，也不应完全没有性别的界限。

当然，不管是处于怎样的关系中，每个人都是平等的。青春期女孩对待异性，既不要妄自菲薄，也不要骄傲和居高临下。尊重和理解是相互的，唯有尊重他人，才能得到他人的尊重；唯有理解他人，才能得到他人的理解。任何健康良好的人际关系都要建立在尊重和平等的基础上，否则就无法实现良性发展。

④—— 男生喜欢和什么样的女生一起玩

丽阳的性格开朗外向，进入青春期之后，依然跟班里的男生在一起玩得不亦乐乎。每当看到丽阳与男生在一起轻松自在地谈笑时，小梦的心里充满了羡慕。小梦生性内向，平时和男生说话都会脸红，因而总是躲着班里的男生，渐渐地，男生们也不喜欢跟小梦在一起玩了。但是，其实小梦的心里特别希望自己能和丽阳一样开朗，这样就能自在地跟男生相处了。

小梦问丽阳："丽阳，为什么班里的男生都喜欢和你玩呢？我太羡慕你了，我觉得我在他们眼中就像空气一样。"听了小梦的话，丽阳笑了，说："其实男生们特别简单，他们神经大条，不会像女生一样想很多。跟他们相处，只要自然随性，就能赢得他们的真心相待。"小梦问丽阳："你觉得他们会喜欢和我这样的女生一起玩吗？"丽阳说："你要想和他们一起玩，就要让自己变得大方一些，不要一说话就脸红。而且，你要让自己变得宽容大度，才不会让他们觉得太累。最重要的是，你要让自己变得精力充沛，因为男生天生就是实干家，想到什么事情他们就会马上去做。你要是想和他们一起玩，当然要跟得上他们的节奏啦！”

看来，内向温柔的小梦也很羡慕丽阳和她的“哥们儿”在一起玩耍的快乐。由此也可以看出，一个人最典型的外在性格，未必就是她全面的性格，很多女孩看似温柔沉静，其实内心也是非常热情的。实际上，不管是男孩还是女孩都喜欢和交往起来轻松愉快的人玩耍。正如事例中的丽阳所说，男孩大多数神经大条，不像女孩一样多心敏感，比起常常悲秋伤春的女孩，他们更喜欢跟简单大方的女孩在一起，这样相处更加轻松自在。

要想和男孩玩到一起去，除了要让自己符合男孩的择友标准，也要发挥女孩的优势。例如，女孩性格沉稳，可以在男孩想要倾诉的时候扮演好倾听者的角色。需要注意的是，女孩要善于倾听，不但注意聆听，也及时给予男孩适当的反馈，从而激发出男孩的谈话兴致，让男孩更加愿意倾诉。除此之外，女孩的心思比较细腻，可以很好地弥补男孩粗心大意的缺点，在很多方面都可以向男孩提供帮助。总而言之，无论是与异性还是同性交往，两人之间既要有共同的想法与兴趣，也要能互相弥补对方的缺点，这样才能相得益彰，让交往顺利进行下去。

⑤—— 男闺密好还是女闺密好

从初一开始小米和小叶就是同桌，她们理所当然地成了好朋友。俩人不管谁有了好事情，总是第一时间和对方分享；不管谁有了不开心的事情，也总是毫无保留地向对方倾诉自己的苦恼。就这样，在同学们眼中，小米和小叶就像是一对姐妹花，总是形影不离。

进入初三之后，性格开朗的小叶和班里的一个男孩走得比较近，渐渐地就疏远了小米。实际上也谈不上是疏远，小叶只是时间和精力有限，无形中冷落了小米。小米心中愤愤不平，几次三番指责小叶“见色忘友”。实际上，小叶和那个男孩的友谊非常纯洁，小叶在那个男孩身上感受到了“男闺密”的魅力。周末，小米留在家里唉声叹气，妈妈疑惑地问：“你不和小叶出去玩吗？”此前小米几乎每个周末都有半天时间是和小叶一起度过的。不想，妈妈的提问打开了小米的话匣子，小米说：“妈妈，小叶见色忘友，自从有了男闺密，就彻底把我忘到脑后了。妈妈，你说男闺密真的比女闺密好吗？”妈妈想了想，说：“闺密也许有男女之分，但是闺密的情谊都是一样的。不过，因为男性的思维和行为方式和女性不同，所以也许男闺密会让小叶产生一种与你在一起截然不同的感受。诸如对待相似的问题，你向小叶提供的帮助与男闺密提供的肯定是不一样的。所以男女闺密并没有好坏之分，而是要互相理解，互相帮助，彼此促进成长。其实，你也可以试着和男孩交朋友啊，有可能你也会和小叶一样，对男闺密感到非常新鲜和好奇呢！”听了妈妈的话，小米终于释然了。

事例中小米妈妈说得很对，男闺密与女闺密其实并没有好坏之分，闺密的情谊都是一样珍贵的。但是，因为青春期女孩往往有着相似的思维模式和处事方式，所以在和女闺密相处久了之后，一旦接触男闺密，女孩未免会觉得他们想法清奇，感受到前所未有的新鲜感。青春期女孩很害怕孤独，总是希望自己的身边有人陪伴。很多妈妈对于女孩的孤独感感到不理解，觉得自己总是无微不至地关心和照顾女孩，女孩为什么还会觉得孤独呢？不得不说，再优秀的父母也无法取代同龄人在青春期女孩心中的地位，同龄人的陪伴是每个青春期女孩成长过程中必不可少的。

每个身心健康的青春期女孩，既可以有女闺密，也可以有男闺密。面对女孩的男闺密，妈妈一定要摆正心态，给予女孩足够的信任，不要总是猜忌女孩，否则会导致女孩与妈妈的关系变得疏远。此外，妈妈也不要过分干涉女孩与朋友之间的交往，只要交往在正常适度的范围内，妈妈完全可以放手，让女孩建立良好的人际关系，从不同性别的朋友那里得到不同的人生启迪和成长陪伴。

⑥—— 收到男生的情书时，你该怎么做

柔柔人如其名，是一个非常温柔沉静的女孩，也是不折不扣的乖乖女。一直以来，柔柔在父母的安排下按部就班地生活和学习，从未想过有一天自己居然会面临这样尴尬的局面。这尴尬处境的起因就是小伟的情书。

小伟是柔柔的同班同学，在小学时还曾经和柔柔是同桌。有一天，小伟突然非常紧张地交给柔柔一封信，然后就扭头跑开了。柔柔隐约觉得信的内容一定大有文章，因而一个上午都心中打鼓，直到中午放学回家的路上才把信拆开来看。果不其然，小伟在信里表达了对柔柔的爱慕之情，柔柔很紧张，回到家里还是慌里慌张的样子。妈妈看出柔柔的异常，因而关切地询问她。得知事情的始末后，妈妈并没有像柔柔一样觉得这件事情很严重，反而轻松地说："真好，我女儿长大了，有追求者了。不过，你打算怎么办呢？你喜欢小伟吗？"柔柔又害羞又生气，说："妈妈，您在胡说什么

啊，我怎么可能早恋呢？”妈妈又问：“那你打算怎么办呢？”柔柔不假思索地说：“把信交给老师。”

听了柔柔的回答，妈妈的表情马上变得严肃起来。她对柔柔说：“柔柔，你知道这么做的后果吗？”柔柔说：“老师肯定会批评他的。”妈妈想了想，对柔柔说：“其实，柔柔，你已经长大了，可以自己处理自己的事情，不用凡事都告诉老师。我觉得小伟喜欢你并没有错啊，你这么优秀，又温柔可爱，肯定有很多男孩喜欢你。他有表达自己感情的权利，你也有拒绝的权利，你只需要拒绝就好，完全不用将这件事看得很严重，否则会伤害到小伟的。”柔柔疑惑地说：“我没有要伤害他呀！”妈妈说：“你想啊，如果你把这件事情告诉给老师，而老师处理不当，这件事被同学们知道，他的感情隐私就暴露了，他不就会受到伤害吗？而且这个伤害因你而起，妈妈也担心他会恨你。所以，哪怕你不喜欢小伟，你们也可以成为朋友，或者继续当同学，没有必要反目成仇，你说呢？”柔柔沉思片刻，说：“妈妈，您说得对，让我好好想想怎么办吧。”妈妈继续说：“当然，为了让小伟死心，你拒绝的态度一定要明确，千万不要模棱两可，让他产生误解。这样对你们两个人都好。”听完妈妈的话，柔柔点了点头。

正如妈妈所说，如果柔柔把这件事情告诉给老师，而老师处理不当，那么不仅小伟会受到伤害，柔柔也会陷入流言蜚语之中。面对男孩对自己的爱慕之情，女孩可以拒绝，却不能随意践踏和伤害男孩。所谓与人为善就是与己为善，如果女孩面对一个喜欢自己的男孩都丝毫不宽容，没有善意，那么她一定无法圆满处理好情书风波。

处于青春期的孩子，不管是男孩还是女孩，都会有自己喜欢和心仪的对象。很多青春期女孩在犹豫纠结是否对喜欢的男孩表白时，也会收到追求者的小纸条或情书。不管是情书还是小纸条，都是男孩对女孩爱意的表达，会使男孩和女孩的关系发生变化。在收到男孩表达爱慕之意的纸条之后，女孩如果处理不当，还会产生其他不良的影响。因此，青春期女孩在收到情书不知道该怎么办时，一定不要急着告诉老师或者父母，而要给自己一段时间冷静思考，从而做出正确的决定和选择。

⑦—— 勇敢地拒绝，胜过懦弱的沉默

经过一番思考，想起自己从小学就和小伟是同学，还曾经是同桌，柔柔也就不觉得小伟这样鲁莽地给自己写情书有多么可恶了。原本，她坚决不能接受小伟的行为，但是在妈妈的启发下，她反而有些沾沾自喜，觉得自己的确很优秀，所以才会有男孩喜欢自己。最终，柔柔拒绝小伟的方式就是给小伟写了一张纸条，内容如下：我们还小呢，不应该早恋。毫无疑问，这句话传递给小伟的信息和柔柔想要表达的拒绝之意相差甚远。

小伟收到这张纸条很兴奋，没过几天又给柔柔写了一封情书。在情书里，小伟对柔柔说："柔柔，我们是青梅竹马的爱情，不能错过。你放心，我一定像你一样努力学习，争取配得上你。"柔柔最终回复给小伟的纸条依然没有明确表达自己的拒绝之意，这使得小伟误以为柔柔是喜欢他的，因而展开了更猛烈的情书攻势。面对有些失去理智的小伟，柔柔只好保持沉默，不想小伟越来越大胆，

居然当着同学的面要跟柔柔牵手，把柔柔吓得够呛。

回到家里，柔柔忍不住抱怨妈妈：“妈妈，都怪您，不让我把小伟的情书交给老师，他现在几乎每隔两三天就写一篇，我马上就要暴露啦，肯定会遭到全班同学的嘲笑。”妈妈问清楚柔柔的处理方式后，不由得感到懊恼：“柔柔，我是让你自己处理这个问题，但是你给小伟的回复一定引起了他的误解。而且，你现在的沉默也让他误以为你接受了他。你拒绝的话一定要明确，而且要让他感受到你的态度很坚决，这样他才能收敛自己，对你彻底死心。”经过和妈妈的一番讨论，柔柔当即给小伟写了一封信：“对不起，我不喜欢你，也不想早恋。如果你继续写情书骚扰我，我就会把情书交给老师，那样我们两个也许连同学都做不成了。”收到柔柔的信后，小伟很长一段时间里见到柔柔都会绕道而行，柔柔终于松了一口气。

在这场情书风波中，柔柔拒绝小伟的言辞不够明确，语意表达也有些含糊，因而引起了小伟的误解。青春期女孩在处理情书时，只要能够明确拒绝男孩的爱慕之意，无须要求老师和家长介入。当然，在勇敢拒绝男孩时，只要措辞准确、语义明确即可，无须掺杂太多的感情，更不要对男孩展开人身攻击或者嘲笑讽刺、恶意侮辱。爱一个人本身是没有错的，只是青春期男孩和女孩还都太小，无法对自己的人生负责。对勇敢表白的男孩，女孩哪怕丝毫不喜欢，也要尊重他们。

有些青春期女孩虚荣心强，在收到男孩的情书之后，还会向自己的闺密炫耀，甚至故意四处声张，表明自己有追求者。实际上，这完全是爱慕虚荣的表现，是非常不理智的。默默地拒绝男孩，不仅可以保护男孩的自尊心，也会让男孩感受到女孩的善良。如果把事情闹得人尽皆知再收场，那么女孩在男孩心目中的形象会大打折扣，还有可能引起严重的后果。所以女孩在收到情书之后一定要保持理智，不要冲动行事。记住，与人交往要懂得尊重他人，作为同学，哪怕没有爱情，也依然要兼顾友情。

此外，要想拒绝男孩，除了要措辞准确之外，还要避免沉默，很多时候沉默往往代表着默许。因此，女孩收到情书时，在思虑周全之后就要及时果断地处理，不能一味地在沉默中拖延。及时表态，也是拒绝的一种有力表现。

⑧ 与男生正常交往，却被同学误会该怎么办

在小叶和男闺密相处良好时，失落的小米也为自己找了一个男闺密。这个男闺密是个性格温和的男生，与性格温柔的小米相处得很愉快。小米和男闺密在一起谈天说地，有时还会一起感怀抒情。不想，很快班里就流言四起，都说小米在和男闺密谈恋爱。小米委屈极了：小叶和男闺密那么亲近都没人编排他们，怎么我才交了个男闺密就被误会了呢！

小米没有想到的是，闲话很快传到了老师耳朵里，老师担心乖乖女小米早恋，对这件事非常重视，马上就给小米妈妈打了电话。小米放学回家，原本想向妈妈倾诉，没想到妈妈先发制人：“小米，和男闺密相处顺利吗？”妈妈想，如果小米遮遮掩掩，那很有可能真的在早恋。不想，小米直接向妈妈抱怨：“别提了，小叶和男闺密那么亲近都没人说他们，我才结交男闺密几天啊，班里就闲话满天飞。”“哦？”妈妈装作不知情的样子：“这是什么情况？”

小米笑着说："我的男闺密跟我性格相仿，不喜欢喧闹，所以我们经常在角落一起探讨问题，估计同学们就误解了吧。"妈妈说："被误解的滋味肯定不好受，那么你打算怎么办呢？"小米虽然性格温柔，骨子里其实很倔强，当即表态："我身正不怕影子斜，不管他们说什么。"妈妈不由得竖起大拇指："嗯，看这股气势，很像妈妈年轻的时候。不过，你想听我的小小建议吗？"小米吐了吐舌头，说："只要您不让我和男闺密绝交，我当然愿意听。"妈妈笑了，说："你太小瞧妈妈啦！当初可是我建议你结交男闺密的。我建议你和男闺密之间可以适度地活泛一些，否则你们总是说悄悄话，同学们难免会乱想。你想过没有，为什么同学们不怀疑小叶和男闺密在早恋呢？"妈妈的话启发了小米，她情不自禁地点点头。

与男孩正常交往却被同学们误解，甚至也被老师误解，相信很多青春期女孩都曾遇到过这样的烦恼。一直以来，校园里的男女生关系总是非常敏感。尤其是当男女生相处过于安静时，更是容易引起他人的误解。当然，正如小米所说的，身正不怕影子斜，如果一有人说闲话就退缩，反而会让人误以为被说中了。在这种情况下，一定要以静制动，以常态应付他人的误解，这样才能不辩自明。

此外，事例中妈妈说的话很有道理。小叶和男闺密不被误解，就是因为他们在一起打打闹闹，从没有表现出异常的样子。而小米和男闺密都过于安静温柔，从表面来看的确很像在谈恋爱。所以妈妈其实是在暗示小米把与男闺密的关系变得“大众化”一些，这样就不容易被误解了。

每个青春期女孩在感情方面都会有很多困惑，或是暗恋某个男孩不敢说，或是与某个男孩正常交往而被误解，这些都是青春期难以避免的，只要摆正心态坦然面对，在需要的时候及时向妈妈求助，就能顺利渡过难关，拥有健康良好的人际关系。

第八章 初恋这件美好的小事

青春期女孩在对爱情有了憧憬和渴望之后就有可能迎来初恋，这一切都是水到渠成的。初恋是一件美好的小事，父母尤其是和女孩心连心的妈妈，不应该把初恋视为洪水猛兽，而应该和女孩一起轻松面对，并给予适当的引导，帮助女孩顺利度过青春期。

①—— 为什么见到他，心里有小鹿乱撞的感觉

早在小学六年级的时候，佳佳就发现班里有的男生和女生走得比较近，下课了总是喜欢凑在一起打闹说话。当时，佳佳很不理解他们为什么要这样，直到进入初一之后，佳佳喜欢上了班长——一个瘦高的帅气男生。

班长人很和气，就像整个班里的大哥哥一样，对每个同学都很好。每次看到班长，佳佳就觉得心里像揣了一只活蹦乱跳的小鹿，每次和班长说话，佳佳都会脸红。佳佳不知道自己是怎么了，原本她总盼望着周末可以在家休息，现在她却盼望着周六日赶紧过去，这样她就可以在学校里看到班长。原本和妈妈无话不谈的佳佳开始有了自己的小秘密，她不愿意与妈妈分享这件事情，因为妈妈早就给她打过预防针，禁止她早恋。

佳佳虽然没有向班长表白，但是她在班长面前那种小女生的情态让班长也察觉到了一丝异样，渐渐地，班长对佳佳也变得有些

不同。有一次，学校举办运动会，佳佳正巧和班长坐在一起。看到班长狼吞虎咽吃着面包，佳佳撒谎说自己吃不完，给了班长半个面包。看着班长吃着自己的面包，佳佳觉得幸福极了。

毫无疑问，佳佳喜欢班长，而且已经忍不住要向班长表达自己的爱慕之情了。其实，这对青春期女孩而言是很正常的。正如歌德所说，哪个少年不善钟情，哪个少女不善怀春。青春期女孩正处于怀春的年纪，喜欢上某个男孩，也完全在情理之中。

很多女孩在有了心仪的对象之后，都会觉得自己的心里揣着一只小鹿，时不时地就撞几下，惹得女孩芳心大乱。从感情的角度而言，这种体验是非常美妙的。但是，青春期女孩要学会控制自己的感情，不要毫无顾忌地去表白。因为一旦对方拒绝方式不当，青春期女孩就会受到伤害。从这个角度而言，青春期女孩适度矜持，也是为了保护自己。

当发现女孩变得心神不宁或者学习成绩出现巨大波动时，妈妈一定要细心观察，进而旁敲侧击地引导女孩。需要注意的是，如果女孩没有明确表示自己有了喜欢的人，妈妈千万不要草木皆兵，要相信在需要的时候女孩会主动向妈妈求助的。有的时候，妈妈对女孩的尊重，就表现在装聋作哑上。

②—— 不要随意打破暗恋的美好

喜欢班长是佳佳心里甜蜜而又苦涩的秘密，她知道早恋不好，因而尽量控制自己的感情，没有向班长表明自己的心意。虽然会有些许的苦涩，但是佳佳更害怕表白之后会被班长拒绝，为了让自己能够继续这样默默地喜欢班长，佳佳选择暗恋。

有的时候，班长请假不在学校，佳佳就会体验到一日不见如隔三秋的相思之苦，为此还写了几首小诗，不知道自己何时才能把这些表达相思之情的小诗送给班长。一个偶然的机会，佳佳的好朋友在她的笔记本上发现了小诗，不由得调侃佳佳："哈哈，快向我坦白，这些小诗是写给谁的？爱情真是神奇啊，居然会让一个人变成诗人，爱情的力量实在太伟大了！"佳佳觉得很难为情，当即捂住好朋友的嘴巴，并且让好朋友一定要为她保守秘密。好朋友不理解，说："既然喜欢他，为什么不表白啊？要不，我当你的信使吧！"佳佳摇摇头，说："就这样挺好，喜欢一个人不一定要让他知道。而且，一旦被大家知道，就必须接受家长、老师的各种批评说教。我可不想那样，这是我自己的小秘密。”

事例中的佳佳非常理智，她知道早恋是不被接受的，也不想因为这份早来的感情影响生活的平静，因此，她把自己的喜爱放在心里，一个人独享爱情的美好。实际上，暗恋也就是人们常说的单相思。通常情况下，胆小谨慎的女孩喜欢一个人不会说出来，而是会默默地藏在心里，佳佳就是这样的。相反，如果换作佳佳的好朋友，很有可能就会直接表白。

除此之外，虽然青春期女孩对爱情有了朦胧的向往，但是她们的心智发育还不够成熟，不知道如何表达爱，所以她们如同受到惊吓的小鹿，总是满怀警惕和戒备，不愿意和任何人分享自己的秘密。现实生活中，大多数青春期女孩的暗恋都只是自己的错觉。她们更多的是在和自己想象中的男孩恋爱，而并非爱上了现实中的某个男孩。或者即使她们的恋爱对象是现实中的男孩，那个男孩在她们心目中的形象也是被美化过的。要想引导内向羞怯的女孩走出苦涩的暗恋，妈妈可以鼓励女孩扩大自己的社交圈，从而让女孩认识更多的男孩，这样女孩就不会单独对某个男孩产生特别的好感了。此外，妈妈还可以培养女孩的兴趣爱好，引导女孩把时间和精力更多地用于学习上，这样女孩也能从暗恋的痛苦中走出来。暗恋与其说是恋爱，不如说是一厢情愿，也许随着时间的流逝就渐渐消散了。

3 这一生你会遇到很多人，也会喜欢很多人

从初一到初二，再到初三，佳佳默默暗恋班长两年多的时间，眼看着初三即将毕业，分别在即，佳佳决定表白，这样才能让情缘继续下去。佳佳从自己写的很多首小诗中挑选了几首，用邮寄的方式寄给了班长。当看到班长从学校传达室拿着信往教室里走时，佳佳觉得自己的心脏都快跳出来了，她抱着书本跑到操场上，无法想象班长打开信封的画面。

直到还有一分钟上课时，佳佳才满面绯红地低着头走进教室，不敢看班长。也许是心理作用，上课的时候她总觉得班长敏锐的眼神在她的后背上扫来扫去。佳佳突然感到后悔，她不知道等待着自己的将是怎样的回应，此时此刻恨不得自己从未寄出这封糟糕的信，她简直想找个地缝钻进去。

整个下午都没有发生任何事情，直到放学的时候，佳佳在自己的书包里摸到一封信。她的心脏再次剧烈跳动起来，她找到一个

僻静的角落，把信拿出来。信上只有三个字“对不起”，佳佳觉得自己如同掉入冰窖，内心深深地感到绝望。她哭着回到家里，妈妈看到佳佳崩溃的样子，焦急地询问事情原委。听完佳佳的诉说后，妈妈放下心来，说：“只是失恋，其实也算不上失恋，只是表白被拒绝而已。”妈妈说得轻描淡写，佳佳的眼泪情不自禁又流下来，说：“我都被拒绝了，您还这样不以为然。”

妈妈看着佳佳伤心的样子，说：“妈妈曾经也像你一样被拒绝过，也和你一样痛不欲生，但过了很久之后我发现那根本不是恋爱，只是我的一厢情愿而已。而且，在这一生之中，你绝不是只遇到这一个男生，以后你还会遇到很多男生，其中也不乏你喜欢的人。但是他们未必都会与你牵手，直到遇到一个你喜欢他他也喜欢你的人，你才会与他携手走入婚姻，过柴米油盐的日子。”佳佳说：“就像您和爸爸一样吗？”妈妈点点头，说：“和爸爸在一起时，我们的感情发展也不顺利。奶奶反对妈妈和爸爸交往，妈妈险些与爸爸分手，幸亏爸爸足够坚持，才有了我们这个家，才有了你。”佳佳困惑地看着妈妈，妈妈语重心长地说：“现在你们的爱情很懵懂，以为有了爱情就有了一切，实际上等到你真正长大，你会发现爱情很复杂，牵涉到方方面面，根本不那么纯粹。所以你要相信妈妈，这一生你还会遇到很多人，也会喜欢不止一个人，所以你要耐心等待，好吗？”妈妈的话让佳佳安静下来，她说：“强扭的瓜不甜，我知道。”妈妈嗔怪道：“你这个孩子，真是人小鬼大。”

妈妈说得很对，每个女性一生之中会遇到很多男性，也会喜欢不止一位男性，但是最终与谁牵手并没有一个明确的答案。很多事情都是在不断发展的过程中向前推进的，没到最终的时刻谁也不知道结果如何。既然如此，很多人很多事情一旦错过就错过吧，要朝前走，向前看，迎接未来的到来。

很多青春期女孩对爱情都非常向往和憧憬，把爱情看得非常重要。实际上，爱情只是组成人生的一部分，任何情况下，生活都不仅有爱情。而且，在单纯的年纪里，女孩对爱缺乏正确的认知，会错误地将其他情感当作爱。正所谓少年不识愁滋味，为赋新词强说愁，随着不断成长，女孩最终会发现曾经以为迈不过去的坎都已经迈过去了，曾经的刻骨铭心也变成了云淡风轻。

④ 面对心仪的男孩，你该怎么做

最近，小小喜欢上了班里的男生子凯。子凯长得高大强壮，看起来很有安全感。小小的性格开朗外向，经常和班里的男生称兄道弟，打打闹闹，但是当她发现自己心中对子凯有异样的情愫后，竟不知道该怎么与他相处了。

有的时候，子凯哪怕随便说句话，小小也会面红耳赤。为此，小小只好躲着子凯，弄得子凯误以为自己做错了什么得罪了小小。还有的时候，小小会突然变得烦躁，对着子凯发火，搞得其他小伙伴丈二和尚摸不着头脑，不知道被称为“开心果”的小小为什么这样暴躁易怒。有一天，小小因为生理期没有上体育课，课后，子凯关切地问小小怎么了，小小却莫名其妙地呵斥道：“关你什么事，你简直是狗拿耗子多管闲事。”子凯被小小骂蒙了，不敢多问，赶紧走开了。渐渐地，小小与子凯的关系越来越疏远。小小苦恼极了，不知道自己为什么会故意冷淡和疏远子凯。

青春期女孩因为害羞与懵懂常常不知道如何与心仪的男孩相处，尤其是像事例中小小那样男孩子性格的女孩，一下子喜欢上曾经的“哥们儿”，哪怕对方不知道她们的心意，她们也会“做贼心虚”，自己先因为内心的情感而胆怯和害羞起来。不得不说，对毫无恋爱经验的青春期女孩而言，要想成功地开展一段恋情是很难的，因为她们不知道如何开始。而当心里怀揣着小鹿面对自己心仪的男孩时，她们必然会出现一些反常的表现。

在与心仪的男孩相处时，情窦初开的女孩需要注意以下两点。首先，要调整好自己的心态。进入青春期之后，男孩与女孩之间再也回不到两小无猜的状态，他们彼此躲避，生怕与异性有亲密的接触，避免导致自己难堪和尴尬。尤其是暗恋男孩的女孩，面对男孩时更是难以表现如常。这是正常的现象，青春期女孩千万不要因为自己不自在的表现而自责。其次，与男孩相处时要尽量做到落落大方。很多时候，让自己心怀坦荡，反而更能够从容面对男孩，避免被无关的好事者猜疑。总而言之，心怀坦荡天地宽，青春期女孩一定要从容淡然，不要自己把自己禁锢住了，否则就会显得缩手缩脚，反而惹人生疑。

⑤—— 爱情很可贵，不要错把崇拜当爱恋

与妈妈谈过话之后，佳佳深刻意识到妈妈说的是正确的，那就是每个女性在漫长的人生道路上，会遇到很多的男性，也会喜欢上其他的人。虽然班长的拒绝让佳佳深受打击，甚至开始怀疑爱情，但是才进入高一没多久，佳佳就发现自己陷入一个更尴尬的境遇中。原来，佳佳的数学老师大学刚毕业，是一个阳光灿烂的大男孩。有的时候，看着老师青春帅气的面庞，佳佳就会情不自禁地走神。原本，佳佳的数学成绩很差，不喜欢数学课，但是随着对老师越来越崇拜，佳佳开始盼着上数学课，甚至也越来越喜欢数学。

渐渐地，佳佳陷入了对数学老师的迷恋中，她再次进入了单相思的状态。一个周末，佳佳试探着在妈妈面前说："妈妈，我们班里的数学老师大学毕业才一年，看起来就像是同学。"想到佳佳最近对数学学习分外热情，敏感的妈妈马上意识到佳佳很可能喜欢上了数学老师，便说："是吗？这么年轻的老师，虽然教学经验不

够丰富，但是和你们年纪相差不大，应该没有代沟吧！”佳佳点点头，说：“有的时候，女生私下里都叫他老师哥哥。”妈妈以开玩笑的口吻半真半假地说：“你们班里是不是有很多女生都喜欢老师哥哥呀？”佳佳可没想到妈妈一下子就猜中她的心思，不知道如何作答。妈妈接着说：“这么大的年轻老师，很容易成为女生的梦中情人，这是很正常的。不过，青春期的女孩对于爱情有太多不切实际的幻想，也许会把对老师的崇拜误认为爱恋。”

“崇拜？爱恋？”佳佳喃喃低语。妈妈说：“是啊，你想想，你们正处在十六七岁的年纪，都在憧憬爱情，很多女生都希望找一个哥哥一样的人照顾自己。但是，女生的身心发育比男生早，同龄的男生你们难免会觉得幼稚，所以，这样一位年轻教师必然会成为大多数女生的梦中情人啊！”妈妈的一番话，把佳佳说得忍不住笑起来。佳佳意识到自己也许只是崇拜老师，因而心情放松下来，说：“妈妈，您说得很对，我很崇拜老师！”妈妈笑着说：“没关系，你现在先崇拜老师，等你进入大学会发现有很多优秀的男同学，等你参加工作你会发现有很多优秀的男青年。到时候，你就可以选择自己的爱情了。”

妈妈说得很有道理，刚刚大学毕业的男性老师与青春期女孩的年龄差距小，再加上大多数学生都会对老师产生崇拜心理，所以女孩往往会情不自禁地喜欢上老师。很多青春期女孩都会将这种感情误以为是爱情。从心理学的角度分析，这种感情其实更符合崇拜的特质。尤其是当身边的男同学都很青涩时，青春期女孩更容易对年轻的男老师产生崇拜与爱慕掺杂的感情。

很多青春期女孩在对老师有好感之后，也会误以为老师对自己也有好感。从本质上而言，这都是青春期女孩对爱的幻想。那么，如何避免这样尴尬的情况呢？这就要求青春期女孩要有理智，能够控制自己，在发现自己对老师异样的情愫后，不要急于表达爱意，而要给自己一定的时间去验证感情。如果能够把对老师的爱慕转化为学习的动力，那么女孩很可能让自己在学习上进步神速。等到考入大学之后，女孩会认识更多的人，见识更为广阔的天地，对老师的暗恋自然会渐渐消失，只留正常的师生感情。

⑥—— 青涩果实需要阳光，而不需要偷尝

在度过不知道如何与子凯相处的艰难时期后，小小意识到自己不能因此而失去一个朋友，她决定就像对待大多数男生那样对待子凯，努力恢复自己与子凯打打闹闹的情谊。小小告诉自己："早恋是没有结果的，与其连朋友都做不成，不如把友谊暴露在阳光下。如果两个人真的有缘分，再过几年到了恋爱的年纪还是可以在一起。"这样想着，小小心中的压力小了很多，再面对子凯的时候也不那么紧张和反常了。

小小有意识地和很多同学在一起玩，当然，其中也包括子凯。在人多的情况下面对子凯，小小觉得自己更加轻松自如。渐渐地，小小觉得自己面对子凯时没有那么紧张了，子凯也因为重新拥有小小这个好朋友而高兴。直到开始大学生活，小小才写信给子凯隐晦地表达了自己的爱意。不想，子凯当即给小小回信："我最大的梦想就是让你变成我的女朋友。"从此之后，小小与子凯正式开展恋情。

早恋就像是青涩的苹果，还没有完全成熟。如果非要吃下这个青苹果，那么必然会被酸得龇牙咧嘴，有可能还没吃完就得扔掉。所以，每个青春期女孩都要掌控好自己的感情，不要盲目品尝青苹果的味道。如果能够像小小一样让苹果继续留在枝头生长，那么终有一天会收获芬芳的果实。

青春期女孩必须知道，任何果实都要成熟之后才会芳香美味。爱情也是如此，在最美的年纪里绽放的女孩，才值得最好的爱情。所以每个女孩都要耐心等待自己的成长，只有褪去青涩，才能更加了解爱情的真谛。如果偷尝爱情的禁果，让爱情不能直面阳光，那么最终还是需要女孩来承担早恋的苦果。

不可否认，如今随着生活水平的提高，青春期女孩的身体和心理发育都提前了，也加速了。在这种情况下，妈妈一定要与时俱进，才能及时关注女孩，引导女孩正确对待爱情，帮助女孩树立健康的爱情观，让女孩耐心等待人生的绽放。

⑦—— 用心呵护的感情，并不一定会开花结果

大一时，小小和子凯的爱情正式拉开序幕，虽然他们就读大学的城市相距遥远，但是距离并不能阻隔他们对彼此的思念。整个大一，他们几乎每天都在通电话、发信息，偶尔还会寄明信片来互诉衷肠。

原本，小小以为她和子凯既是哥们，又是情侣，还是知己，一定能够地久天长。不想，在大二即将结束时，子凯与她的联系突然少了起来。小小以为子凯学业忙碌，就主动给子凯打电话发短信，甚至还会坐火车跑到子凯的城市。总而言之，小小为了这段感情的延续和发展付出了很多。让她万万没想到的是，有一次当她突然出现在子凯的校园门口时，看到的却是子凯与一个女孩手牵手并肩而行的画面。小小彻底呆住了，她没有喊子凯，任由自己站在那里泪流不止。

小小伤心欲绝地回到学校，那个暑假她没有回家，因为怕遇到

子凯。小小不再主动联系子凯，而子凯也没有给小小任何解释，他们之间就这样断了联系。直到大学毕业，小小都没有勇气开始新的恋情，她不知道自己还能否拥有爱情。

参加工作三年后，小小与一位优秀的男性一见钟情，很快就走入了婚姻的殿堂，这时小小才恍然大悟："在爱情中，哪怕卑微到尘埃里去呵护感情也未必能够迎来最好的结果。"小小享受着丈夫无微不至的照顾，觉得自己握住了一生的幸福。

小小与子凯的爱情可谓一波三折，先是小小单相思艰难地保护那层窗户纸，到确定恋爱关系后开始轰轰烈烈的恋爱，再到两年后他们的爱情走到了尽头。不得不说，这就是爱神捉弄人的表现，很多情侣每天打打闹闹却能天长地久，而很多情侣哪怕相敬如宾也无法牵手到最后。这也告诉我们爱人之间不但需要缘分，更需要相依相守。

青春期女孩在得到渴望已久的爱情时，往往会彻底忘掉自己，不计得失地为爱情付出。偏偏很多男性都有一种奇怪的心理，对求之不得的人念念不忘，对眼前的人不加珍惜。因此，青春期女孩要骄傲地成为爱情中的公主，而不要把自己放低到尘埃里，被滚滚红尘湮没。记住，在爱情中男女双方原本就没有高低之分，爱情也从不是靠乞求得来的。

面对青春期女孩的青涩爱情，妈妈除了要引导女孩不要早恋、保护好自己之外，更要让女孩学会如何与喜欢的男孩平等相处，从而收获平等的爱情。当女孩在爱情中受到伤害时，妈妈要及时引导女孩走出阴霾，让她们重新相信爱情，从而在之后的人生中收获幸福。

⑧—— 想要别人爱自己，先要自己爱自己

大一时，佳佳终于等来了自己的白马王子。没错，佳佳看到刘强的第一眼就小鹿乱撞，对他一见钟情。然而，刘强是那么骄傲和优秀，不但家境优渥，人长得高大帅气，还才华横溢，是很多女孩心中的理想男友。佳佳很自卑，她原本只想默默地喜欢刘强，却没想到刘强喜欢的人竟是自己。佳佳受宠若惊，她先是想逃避，后来在刘强的猛烈攻势下，她决定缴械投降。她安慰自己：也许这就是缘分，就是命运的安排。

确定恋爱关系后，刘强对佳佳再没有追求时那样上心，而佳佳则从人人羡慕的小公主变成了一个不折不扣的保姆，把自己低到了尘埃里。有的时候，哪怕当着别人的面被刘强呵斥，她也不以为然，从来不计较。渐渐地，刘强对佳佳的态度越来越恶劣。有一次，刘强居然当着佳佳的面与其他女孩打情骂俏。佳佳再也无法忍受，哭着向刘强提出了分手。这次失恋让佳佳深受打击，她从人人

羡慕的对象，变成被刘强抛弃的“弃妇”，佳佳甚至产生了退学的念头，因为她无力承受他人的指指点点。然而，时间是最好的疗伤药物。经历漫长的恢复期后，佳佳终于从失恋的阴影中走了出来。这时，她理智地反思这段感情，发现这段感情之所以失败，就是因为她不够爱自己。

面对心仪的男孩，很多青春期女孩都会非常自卑。如果女孩觉得自己是灰姑娘，而男孩是白马王子，那么在庆幸自己得到爱神眷顾的同时，她们也会放低自己在爱情中的姿态，甚至完全把爱的主动权交给男孩。实际上，这是爱情中最不该有的姿态。试想，哪一个男孩不愿意与所爱的女孩在一起平等地相处呢？哪一个男孩想要一个老妈子整日在自己身边唠唠叨叨呢？恋爱中的男孩需要的是浪漫与激情，而不是琐碎，更不是日复一日的乏味。

诗人舒婷在《致橡树》中说，她愿意像树一样与所爱的人比肩而立，而不像攀缘的凌霄花，依附在爱人的身上。不管是青春期女孩，还是成熟的女性，对爱情都应该端正态度，摆正姿态，唯有自尊、自立、自强的女性才能拥有最美好的爱情。一个人如果自己都不爱自己，又如何能够得到他人的爱与尊重呢？想明白这个道理，青春期女孩就知道自己在爱情中应该保持怎样的姿态和骄傲了。

第九章 青春期女孩如何与同学、朋友相处

青春期女孩在人际关系方面面临着诸多的困惑，如何才能与同学友好相处，如何结交更多的朋友，对青春期女孩来说同样很重要。因此，妈妈除了要关心青春期女孩的身心健康之外，更要关注女孩的人际关系，教会女孩人际交往的技巧，从而让女孩收获更多的友谊。

①—— 什么才是真正的朋友

进入青春期之后，丝丝有什么事情都不会第一时间告诉妈妈，而是向自己的好朋友默默倾诉。丝丝和默默在小学阶段就是同学，后来学习成绩优异的她们一起考入这所重点中学，因为和其他同学都不是很熟悉，所以她们就走得更亲近了，渐渐地成了无话不谈的好朋友。丝丝非常信任默默，有了高兴或者为难的事情都会告诉默默。当然，默默对丝丝也很亲近。在学校里，她们就像一对姐妹花，学习上不分上下，下课后形影不离。

初二刚开学，班主任决定进行班委会重组，鼓励全班同学都发掘自身的优点，勇敢地参加班委竞选。丝丝和默默都想竞选学习委员，尤其是默默，对竞选班委一事跃跃欲试。丝丝得知默默和自己一样要竞选班委时，笑着说："哈哈，咱们俩要一决高下啦。"丝丝不知道，默默在得知丝丝也要竞选学习委员之后已经展开了行动。她偷偷地给自己拉票，而且承诺将会尽力帮助学习不好的同学。令人意想不到的是，她竟然有意识地开始诋毁丝丝，告诉其他同学丝丝非常自私，根本不会为了帮助他们耽误自己的学习时间。就这样，竞选结束后，默默的票数比丝丝高出一大截，丝丝不明就里，觉得自己和同学们平时关系也不错，想不通为什么会是这样的结果。

默默走马上任一段时间后，有一个同学向默默请教一道难题，默默因为忙于自己的作业没有讲解，那位同学不满地说："你这是什么学习委员，还不如丝丝热心呢！早知道当初就不该听你的话，把票投给丝丝就好了。"丝丝听到这位同学的话，恍然大悟。她伤心极了，她想不明白作为好朋友，默默为什么要在背后说自己坏话，更想不明白得到学习委员的职务真的比朋友更重要吗？

青春期女孩在与朋友相处时总是非常投入，然而她们的人生观并没有完全定型，在面对激烈的竞争时，友情难免会产生动摇。实际上，对女孩而言，学习固然重要，能够参加竞选成为班长、学习委员也很重要，但是最重要的还是朋友。一直以来，在朋友背后插刀子的行为都是为人唾弃的，真正的朋友在彼此竞争的时候也会讲究公平，用实力为自己代言。

事例中的丝丝不是因为没有当上学习委员而伤心，而是在得知自己最好的朋友居然在背后造谣中伤自己时觉得无法接受。丝丝的感受可以理解，然而丝丝也要学会接受现实的残酷。一个人在一生之中会拥有如同高山流水般的知己情谊，也会遭遇朋友的伤害和背叛。这就是人际交往的复杂，也是人心的险恶。妈妈应该告诉女孩，既要信任和善待朋友，也要能够承受朋友带来的伤害。当然，哪怕被朋友伤害了也不要对友谊绝望，因为真正的朋友是绝不会这样的。女孩要始终对友谊心怀希望，对朋友心存感激。

②—— 认真倾听，不在背后议论别人

在和好朋友默默产生误解之后，很长一段时间内丝丝都非常寂寞。受到默默的伤害之后，她不愿意再相信任何人。看到丝丝孤单的样子，妈妈很心疼。妈妈对丝丝说："每个人都不是完美的，也有各自的苦衷，默默可能是真的太想当学习委员了，因而才用错了方法。退一步而言，就算默默真的故意伤害你，你也不应该从此将友情拒之门外，而是要去发展其他的友谊啊。"丝丝委屈地说："但是妈妈，我现在不知道应该怎样才能结交其他朋友。"妈妈笑了，说："傻孩子，每个人在一生之中都会遇到很多好朋友，只要你真诚地与他人相处，一定会受到他人的欢迎，与他人成为朋友。"

丝丝问妈妈："妈妈，结交新朋友的时候有什么技巧吗？"妈妈笑着说："孩子，这个世界上很多事情都有捷径，唯独感情没有。不管是爱情还是友情，都需要经过长时间的发酵和酝酿才能变得更深沉。要说技巧的话，那就是真诚待人，尊重他人，理解他

人。”丝丝显然有些不满足，继续追问：“那具体怎么去做呢？”妈妈一拍脑门，想出一个绝佳的好主意，说：“我有个好方法交给你。在与他人开始相处时，你一定要学会倾听。所谓学会倾听，并不只是一味听，而是要在恰当的时候给予他人回应。此外，随着交往加深，你也要注意自律，切勿在背后议论别人。如果你能坚持做到这两点，你就能跟其他同学变得亲近起来，而且会建立很好的友谊。”丝丝似懂非懂地点点头。

妈妈说得很对，真诚、尊重和理解是与人相处的基本原则。任何时候，我们都要先尊重他人，才能得到他人的尊重。当对方感受到我们的诚意时，就会消除对我们的戒备心理，愿意与我们更近一步。当然，在具体的相处过程中也是有技巧的，人人都希望自己成为主角，希望有人能够倾听自己。在这种心理状态下，如果我们想与他人拉近关系，就要学会倾听他人，并且在倾听的过程中适时给予他人回应，这样我们与他人的相处才会水到渠成。

当然，随着关系的亲近和熟稔，我们也要注意避免伤害他人。很多女孩喜欢四处打探消息，传递流言蜚语，这样是很难受到他人欢迎的。真正明智的女孩会管好自己的嘴巴，对好朋友出于信任而告诉自己的秘密，她们更是会守口如瓶。记住，理解和信任总是相互的，所谓精诚所至金石为开，任何时候，真诚、尊重和理解都是打开他人心扉的金钥匙，也是人际交往的黄金法则。

③—— 面对朋友提出的无理要求，你该怎么办

在妈妈的指导下，丝丝很快又结交了新朋友。然而，丝丝很快就发现朋友之间的确如同妈妈所说的那样，不会一直快乐和完美。

最近，为了方便丝丝与家人联系，妈妈为丝丝买了一部手机，正是这部手机给丝丝带来了烦恼。丝丝的新朋友小丽对她能拥有手机很羡慕，总是想要玩丝丝的手机，而且还要丝丝把手机借给她几天。小丽性格外向，比较强势，丝丝则性格温柔，胆小怯懦。丝丝不想把新手机借给小丽玩，但又不好意思拒绝她，因而左右为难。

回到家里，丝丝纠结不已，只得向妈妈求助。听完丝丝的话，妈妈毫不迟疑地说："当然要拒绝，因为手机不是玩具，而是私人物品，你每天都需要用手机与妈妈联系，如果借给小丽，妈妈给你买手机还有什么意义呢？"丝丝说："但是我该怎么说呢，我总不能说我舍不得把手机借给她吧？如果我说了这些理由，小丽依然坚持要借用手机怎么办呢？"妈妈想了想，说："丝丝，你性格温柔，

待人随和，这是你的优点，也是你的小缺点，尤其是在这样的情况下，你很容易举棋不定。实际上，你完全不需要任何理由就可以拒绝小丽啊，因为手机是你的私人物品。当然，为了照顾小丽的面子，你也可以找个情有可原的理由拒绝她。但是如果小丽坚持要借你的手机，你就可以直接拒绝了，这是你的权利。”丝丝担心地问：“如果小丽因此不理我了呢？”妈妈笑了，说：“丝丝，我们当然要珍惜朋友，但是如果小丽因为你不借手机就不理你，那么她也就不是值得你珍惜的朋友，明白吗？”丝丝点点头，心中终于释然了。

每个青春期女孩都很珍视友谊，如果女孩内心胆怯，性格懦弱，那么在面对朋友的不合理请求时，就很难理直气壮地拒绝。心思细腻的女孩还会担心自己的拒绝会伤害朋友，殊不知，真正的朋友会理解朋友，而不会只顾着满足自己，强迫朋友做不想做的事情。正如事例中妈妈所说的，如果小丽因为丝丝拒绝借出手机而不再与丝丝做朋友，那么恰恰意味着小丽不是真正的朋友，不值得珍惜。

青春期女孩渴望友谊，珍惜友谊，不应该因为小小的事情就导致友谊破裂，失去朋友。但是凡事皆有度，对朋友的宽容和忍让也要有限度，毕竟一切良好的人际关系都要建立在平等真诚的基础上才能天长地久。所以女孩要学会拒绝，学会保护自己的利益。总而言之，每个女孩都要有自己的原则和底线，不要一味地当老好人，在对好朋友真诚付出的同时也不能总是委屈自己。

④ 被同学嘲笑、孤立，你该怎么办

自从拒绝了小丽借手机的请求后，果然如同丝丝担心的那样，小丽对她意见很大，虽然没有直接与她反目成仇，却总是在背地里说她的坏话。有一次，丝丝不知道因为什么事情出了丑，小丽居然公开嘲笑她，这让丝丝很难过。

班里要举行秋游，丝丝积极地准备了很多美味的食物，准备野餐的时候和同学们分享。然而，到了野餐的地方，丝丝发现大多数女生都围绕在小丽身边。丝丝也想借此机会与小丽缓和关系，便凑过去说："大家在分享什么呢？我也有很多美食，咱们一起吃吧。"不想，小丽说："姑娘们，我的比利时巧克力好吃吧，还有很多呢！但是你们可不要吃一个小气鬼的食物，不然就品尝不到比利时巧克力的美味了。"听到小丽这么说，已经吃了巧克力的女生都不好意思再吃丝丝的食物了。丝丝觉得很伤心，她不知道接下来自己是否会继续被孤立，孤单地度过漫长的初中生涯。

不得不说，小丽的做法是错误的。丝丝没有把手机借给小丽是丝丝的自由，小丽完全没有理由强求。小丽因此记恨丝丝，疏远丝丝，甚至公开嘲笑丝丝，显然是因为小丽小肚鸡肠、妒忌心太强。失去这样的朋友，丝丝完全不需要觉得惋惜，丝丝急需解决的是自己被嘲笑、被孤立的局面。

实际上，任何时候女孩都不应该看轻自己，更不应该自暴自弃。当遭到其他人的嘲笑甚至是别有用心的孤立时，最好的办法就是相信自己，努力发掘自身的优点，让自己变得更加独立和坚强。不是每个同学都会被别有用心的人撺掇怂恿，更不是每个同学都会顺从那个别有用心的同学。只要真诚自信，就能赢得他人的尊重和喜爱，也能让自己拥有真正的朋友。

妈妈应该告诉青春期女孩，人生之中总是会遭遇各种各样的坎坷挫折，在这种时候千万不要逃避，而要勇敢面对。每个女孩唯有发自内心地坚强，才能活出自己的精彩。

5 面对校园霸凌，你该如何反抗

丝丝无论如何也没有想到，这样的事情居然会发生在自己身上。她虽然知道小丽在背后总是恶意嘲笑和孤立她，但是她万万没想到小丽会公然羞辱她。

那是一个周一，丝丝吃完午饭，一个人在操场上的大树底下晒太阳，呼吸新鲜空气。这时，小丽和几个女生也走到大树下。看到丝丝坐在那里看书，小丽用脚踢了踢丝丝，说："哎，让开，我们要坐在这里。"丝丝困惑地看着小丽，不知道小丽这样公然地挑衅她到底要干什么。不想，小丽看到丝丝没动，直接上去就对着丝丝扇了一个大耳光，呵斥道："给我让开，赶紧滚！"丝丝莫名其妙被打，眼泪簌簌而下。她是爸爸妈妈的乖乖女，从小被爸爸妈妈呵护，哪里受到过这样的侮辱和委屈呢！丝丝起身准备离开，小丽说："今天这只是一个小小的警告，但是如果你管不住自己的嘴巴告诉老师，你就给我等着瞧。"丝丝既不敢告诉老师，也不敢告诉爸爸妈妈。原本她以为自己忍气吞声让小丽出了气，小丽就能放过她。没想到小丽看到丝丝如此胆小怯懦，居然变本加厉，又打了丝丝好几次耳光。

无奈，丝丝只好请求爸爸妈妈帮她转学。爸爸妈妈不明白一向品学兼优的女儿为什么突然要转学，当即给老师打电话询问情况，老师也不明就里，建议妈妈和丝丝好好聊一聊，打开丝丝的心结。在妈妈关切而又耐心的询问下，丝丝大哭起来，这才诉说了自己的委屈。妈妈又心疼又着急，抱怨丝丝："居然有这种事情，你怎么不早点告诉妈妈呢？"妈妈第二天就陪着丝丝去了学校，找到老师和校长，反映了情况。校长对这件事情很重视，当即联系小丽的父母。面对小丽父母轻描淡写的一句"孩子小，不懂事"，丝丝妈妈态度非常强硬："如果你们是这样的态度，那么我们会报警，让警察来解决。"校长也教育小丽父母："千万不要觉得孩子小不懂事，她们已经长大了，不然事情也不会发展到这种程度。你们作为父母一定要端正态度才能教育好孩子，我们学校里是不允许有校园霸凌存在的。"在老师和校长的协调下，双方父母才就此事达成一致，丝丝再也不用提心吊胆地去学校了。

近年来，校园霸凌的现象愈演愈烈，很多孩子因为校园凌辱导致生理和精神状态都出现异常，甚至有的孩子选择自杀结束生命。当孩子犯错时，很多父母总是不以为然，甚至轻描淡写，袒护自己的孩子。殊不知，如果孩子在该得到教育和引导的年纪没有得到好的教育和引导，那么他们的发展将会不受控制，最终社会也会给他们最深刻的教训。所以父母一定要记住，最不该轻易原谅和袒护的就是孩子，毕竟孩子的人生观念还不够成熟，唯有给予孩子更好的引导，孩子才能健康成长。

作为校园霸凌中的受害女孩，丝丝一开始对于霸凌现象没有给出正确的反应和对待。她先是忍气吞声，希望息事宁人，后来发现事态不断恶化，才请求父母为她转学。自始至终，丝丝都没有正面对待校园霸凌事件，而一直在逃避和退缩。不得不说，校园霸凌的施暴者虽然是孩子，其不良后果却不容轻视。唯有在事态不那么恶劣的时候及时控制事态发展，采取措施制止这种恶劣行为，才能给予女孩健康的成长环境。实际上，在校园霸凌现象中不仅仅被施暴者是受害者，施暴者也会产生心理扭曲变形，导致心理变态等情况的发生。妈妈一定要及时关注青春期女孩，帮助她们健康成长，从容应对成长过程中的各种突发情况和恶性事件。

6 懂得换位思考的女孩，才是聪明的女孩

近来，丝丝和同桌芮雪发生了矛盾。原来，芮雪爱流汗，一到炎热的夏季，总是有难闻的体味。又加上芮雪没有养成良好的卫生习惯，总是一个星期才洗一次澡，熏得丝丝忍无可忍，只好向老师提出调换座位。老师不明就里，看到丝丝态度坚决，也尝试着帮助她们调换座位，但是没有同学愿意和丝丝对调，后来老师也就把调换座位的事情搁置了。

丝丝等了一个多星期，看到老师没有给出合理的解决方案，终于爆发了。她当着全班同学的面对芮雪吼道："芮雪，你知道为什么没有人愿意和你同桌吗？因为大家都觉得你很臭，都不愿意靠近你。真不知道我为什么这么倒霉，偏偏和你同桌，现在好了，你就像是狗皮膏药一样黏在我的身上，让我无法摆脱。"芮雪此前根本不知道丝丝对自己情绪这么大，被丝丝骂得一头雾水，忍不住趴在桌子上哭起来。后来，芮雪央求老师给她找一个单人课桌，表示

愿意自己坐到教室最后面的角落。看着芮雪哭得红肿的眼睛，老师批评了丝丝。老师对丝丝说："丝丝，芮雪家的经济条件很困难，舍不得每天花十块钱去洗澡。也许十块钱对你而言不算什么，对芮雪来说却很重要。如果你关心同桌，就会发现芮雪在学校食堂吃饭总是很节省，从不买贵的菜。"丝丝听到老师这么说，非常惊讶："真的是这样吗？"老师点点头说："芮雪的学费都是借来的，到现在还欠学校书本费没有交呢。你如果是她，还会奢侈地每天洗澡吗？而且，你没发现芮雪的衣服很少吗？如果每天洗澡，她连替换的衣服都没有。"丝丝陷入了沉思。

老师语重心长地对丝丝说："你要善待芮雪，要学会设身处地为他人着想。你那么一喊，全班还有谁愿意和芮雪同桌啊。你想想，她该有多么伤心啊！"丝丝有些懊悔，说："老师，那我还是继续和芮雪同桌吧，我会好好跟芮雪相处。"老师欣慰地笑了，说："你的心意很好，但是要注意保护芮雪的自尊心。"丝丝点点头。

聪明的女孩绝不只把自己的聪明才智用在学习上，她们也会更用心地与同学、朋友相处。事例中的丝丝虽然温柔善良，却很少为他人着想，因而伤害了芮雪。在人际交往中，换位思考是一种能力，也是一种与他人相处的好方法。一个人唯有懂得换位思考，才能与他人友好相处，让自己与他人之间的关系更和谐。

当然，如今很多青春期女孩都是独生女，从小就在父母和祖辈的关心呵护下长大。她们习惯了衣来伸手、饭来张口的生活，也习惯了尽情享受他人对自己的照顾，而没有意识到不管是父母、祖辈，还是同学、朋友都有各自的烦恼，都需要他人的理解和安慰。当意识到这一点后，女孩才能成为善解人意的聪明女孩。在教养女孩的过程中，妈妈尽可以疼爱女孩，给她们提供优越的生活条件，但是不要忘记教育女孩，要心怀感恩，学会替他人着想，对朋友多些包容与理解，才能收获长久的友谊。

⑦—— 性格内向喜欢安静，是不是注定没朋友

芮雪在班里总是很孤单，她的内心深处是非常自卑的，她总觉得自己来自农村，家庭条件不好，无法与其他同学平等相处。偶尔有集体活动，芮雪也总是安静地躲在角落里，不愿意与同学们凑在一起。

自从被老师教育之后，丝丝对芮雪多了一份理解。看到芮雪这么孤单寂寞，丝丝也觉得很难过。有一天放学，同学们都走了，只有丝丝和芮雪还在教室里。这时，丝丝对芮雪说："芮雪，你为什么不愿意和同学们亲近呢？我上次说的话都是瞎说的，你千万不要放在心上。"芮雪看着丝丝，感受到丝丝眼里的真诚，说："丝丝，那件事情已经过去了，我不怪你。不过，我和你们不一样，你们都是城里的孩子，见多识广，其实你们说的很多事情我根本听不懂，而且我性格本身也很内向，特别闷，我想你们不会喜欢和我在一起玩的。"丝丝心疼地对芮雪说："芮雪，你千万不要这么想。

实际上，农村也有很多好玩的事情是我们没见过的呢！咱们可以互相分享，这样就都能够感受到双倍的快乐。”

过生日时，丝丝把芮雪邀请到家里，并且隆重地把芮雪介绍给亲戚朋友们。饭后小聚的时候，丝丝还特意邀请芮雪分享农村里的有趣生活。芮雪彻底敞开心扉，绘声绘色地给大家讲述农村里的生活，大家纷纷表示有机会要去芮雪家里做客，还要和芮雪一起去田里干活。就这样，在丝丝的帮助下，芮雪的性格渐渐开朗起来，她脸上的笑容也变多了。

一直以来，人们对内向性格和外向性格总是存在误解，总觉得只有外向的人才愿意和其他人交往。实际上，每个人的性格都是非常复杂的，所谓的内向和外向，只是说在性格中偏向于内向或者外向而已。很多内向性格的人看起来不喜欢人多热闹的场合，也不愿意随便表露自己的内心，但其实他们的内心充满热情，对各种感情更加专注和用心，也愿意与朋友深入地交往，成为知己。内向的人一旦打开心扉，就会展现出他们丰富的内心世界。

事例中的芮雪就是一个内向的女孩，她的内心深处很渴望与人交往，却因为自卑不得不远离人群，不敢与其他人交往。幸好丝丝已经学会了换位思考，也更加体谅芮雪，因而给芮雪创造了便利的条件与同学们相处，也让芮雪拥有了真正的朋友。

⑧— 当你和闺密之间出现了“第三者”

常言道，不打不相识，丝丝和芮雪就印证了这句话。丝丝不仅和芮雪成了好朋友，还创造机会让芮雪去结交不同的朋友。芮雪的心扉渐渐打开，不但与丝丝关系亲密成为闺密，而且还结交了另一个好朋友——恩琪。

芮雪和恩琪走得越来越近，无形中疏远了丝丝，丝丝觉得很失落，她愤愤不平：芮雪是我的朋友，恩琪为什么要抢我的好朋友？有一天放学，芮雪没等丝丝就和恩琪先走了，丝丝忍不住伤心起来，开始憎恨恩琪。有一天，丝丝找了个机会故意刁难恩琪，芮雪见状赶紧打圆场。丝丝冲动之下脱口而出：“你这个居心叵测的家伙，自己没有朋友，就来抢别人的朋友。”听到这句话，芮雪才意识到丝丝为什么不喜欢恩琪。芮雪私底下对丝丝说：“丝丝，我和你永远是好朋友，没有任何人能够取代你在我心目中的地位。”丝丝半信半疑：“但是，我觉得恩琪才是你的好朋友。”芮雪笑了，说：“丝丝，我和恩琪也是朋友，你也可以和恩琪成为朋友啊。朋友之间不是相互占有，而是相互分享。你觉得呢？不然，你和恩琪水火不容，最伤心的是我，难道你忍心让我伤心吗？”说着，芮雪还冲丝丝撒起娇来。

经过思考，丝丝觉得芮雪说得很有道理，她不想让芮雪伤心，也不想失去这个朋友。于是，在芮雪的介绍下，丝丝和恩琪也成了好朋友。此后，丝丝、芮雪和恩琪经常在一起玩耍，大度的丝丝重新找回了快乐。

青春期女孩非常珍视友情，尤其是与闺密之间，她们往往很难容忍“第三者”插足。她们喜欢与闺密如影随形，愿意独享闺密的友谊。然而，女孩们必须意识到，友谊不是独占，而是分享，所以女孩们要放宽心胸，才能更好地与闺密相处，得到更多的朋友。

当发现自己与闺密之间出现“第三者”时，最愚蠢的做法就是疏远闺密，因为这无异于把闺密拱手让人。与其失去可遇而不可求的闺密，聪明的女孩会做出明智的决断，那就是接纳“第三者”，表现出自己的宽容大度。在与闺密相处的过程中，女孩一定要抛弃“独占闺密”的想法，因为每个人都有交友的权利和自由，即使关系再好，也不可能让闺密的世界里只有你一个人。因此，放平心态，试着去了解“第三者”，说不定女孩还能多结交一个好朋友呢！

第十章 青春期女孩如何与老师相处

青春期女孩的大部分时间要在学校度过，因此，学会正确地与老师相处是非常重要的。尤其是当女孩面对异性老师时，妈妈一定要提醒她们把握好交往的尺度。

①—— 为什么老师总是对他那么好

在各个科目中，丝丝最喜欢语文，她的语文成绩在班里出类拔萃。毫无悬念地，在所有的老师中，丝丝也最喜欢语文老师，特别是语文老师还英俊帅气，是所有女生心目中的白马王子。作为语文课代表，丝丝经常与语文老师接触。每次看到语文老师，丝丝心中都会有异样的感觉。然而，最近丝丝很苦恼，因为丝丝发现语文老师对小川特别关照。

丝丝心中愤愤不平：小川的语文成绩那么差，老师不仅不讨厌她，竟然还专门帮她补课！丝丝想不通语文老师为什么会对小川格外照顾，她觉得自己成绩好，又是语文课代表，长得比小川漂亮，怎么说老师也应该喜欢她，而不是小川。思来想去，丝丝都无法安抚自己的情绪。为此，丝丝甚至对小川产生了敌意，处处看小川不顺眼。

直到有一天，小川的妈妈来到学校，丝丝才明白语文老师为什么会关注小川。原来语文老师和小川是同乡，小川的成绩不好，小川妈妈特地拜托语文老师照顾小川，希望能够帮助小川提高成绩。这下，丝丝终于释然了。

通常情况下，品学兼优的学生在得到老师的偏爱之后会产生强烈的霸占心理，一旦看到老师对其他同学的好超过对自己的好，他们就会愤愤不平，产生妒忌心，甚至觉得自己遭到背叛或者受到不公正的待遇。尤其在那些敏感细腻的青春期女孩身上，这样的情况更容易发生。没有人规定老师只能偏爱好学生，反而因为很多后进生在学习上吃力，所以老师应该更加关注后进生才对。因此，善良的女孩不要强求老师只对自己一个人好，要知道，老师是全班同学的老师，只教出一个尖子生的老师不算好老师，唯有让全班同学的成绩都得到提升，才能称之为优秀的老师。

妈妈在教育青春期女孩的时候，要让女孩拥有一颗宽容博大的心。如今，很多家庭都陆陆续续要了二胎，如果女孩因为心思狭隘不能容忍爸爸妈妈喜欢小弟弟或者小妹妹，那么也会导致家庭矛盾。因此，妈妈一定要引导女孩养成宽容和善的性格，让女孩学会分享，乐于分享，而不要总是斤斤计较，小肚鸡肠。

② 无心之举被老师误会了怎么办

进入初三之后，学习任务越来越重，但丝丝的语文成绩依然名列前茅，而且她更加喜欢语文老师了。丝丝很在意语文老师对自己的评价，也始终想要把语文学好，从而得到语文老师的表扬。然而，前段时间的一件事情让丝丝追悔莫及。原来，那天语文老师正在和小川说话，丝丝不想打扰他们，因而快速走过他们身边。走到很远，丝丝依稀听到语文老师在喊自己，但是因为已经拐过去了，所以她没有回头。此后，丝丝心中一直想着这件事情，寝食难安：语文老师会不会误会我故意不理他呢？语文老师会不会误以为我小肚鸡肠呢？语文老师会不会因此不喜欢我了啊？丝丝疑神疑鬼，甚至觉得语文老师开始疏远自己了。

丝丝很焦虑，在家里也魂不守舍。妈妈看出丝丝的异样，生怕丝丝在学校里被人欺负，便急忙追问原因。丝丝正好需要别人的帮助，就轻描淡写把事情的经过告诉给妈妈。妈妈说："这有什么难的呢？你遇到语文老师的时候，可以直接说‘老师，我那天路过您和小川身边，看到你们在说话就没有打扰你们，后来我又依稀听到您在喊我，您是有什么事情要交代我吗?’”丝丝茅塞顿开，的确，妈妈的这个方法直截了当，完全可以采用。

那么丝丝为什么焦心如焚，不知道如何弥补呢？只是因为丝丝太重视老师，把自己和老师的关系想得过于微妙。而妈妈则不同，妈妈不知道丝丝喜欢老师，只把丝丝与老师的关系看作普通的师生关系，所以才能一针见血地指出问题所在，给出解决的办法。

对丝丝而言，正是因为她把自己和老师的关系想得过于微妙，担心给语文老师留下不好的印象，所以才患得患失，不知道如何解决这件事情。实际上，老师对学生而言是长辈，哪怕是年轻的老师，也会把学生当成小弟弟小妹妹，根本不会与他们斤斤计较。作为普通的师生关系，青春期女孩完全可以放宽心，不要过于紧张和焦虑。当然，青春期女孩很有可能崇拜和喜欢老师，这时妈妈一定要及时引导女孩，让她们明白现阶段学习是她的主要任务，此时的师生恋是不会有任何结果的。

很多时候，恶劣的人际关系都是因为误解导致的，只要把话说明白了，人与人交往中的死结就会解开，人际关系就会变得简单清晰。青春期女孩敏感多思，不管是对父母还是同学、老师都要摆正心态，尤其在与年轻的异性老师交往时更要把握好交往尺度，避免引起误会。总而言之，不管青春期女孩对自己与老师的关系有着怎样的幻想，从本质上而言他们只是师生关系，只有把握了这一原则，青春期女孩才能与老师更好地相处。

③ 面对不喜欢的老师，总是不自觉地唱反调

丝丝最喜欢语文老师，最讨厌数学老师。不知道是因为她讨厌数学老师所以数学成绩不好，还是数学成绩不好才讨厌数学老师，总之，丝丝的数学成绩越来越差，现在的她既不喜欢数学，也不喜欢数学老师。

眼看着中考在即，老师们都在争分夺秒地给学生补课。丝丝的情况比较特别，除了数学之外，她其他各科成绩都很好。为了能让丝丝考上重点高中，妈妈特意带着礼物拜访了数学老师，希望数学老师能给丝丝补补课。数学老师拒绝了丝丝妈妈的礼物，表示丝丝是自己的学生，在教育学生方面，她一定会尽心尽力的。为了避免丝丝对补课产生反感，妈妈向她隐瞒了去拜访数学老师的事情。所以当数学老师放学后要给丝丝补课时，丝丝非常惊讶，也极不情愿。丝丝对老师说：“老师，我着急回家，有点儿不舒服。”第一次老师信以为真，后来老师发现了丝丝的小把戏，便对丝丝说：

“丝丝，你不要以为老师不着急回家，如果不是你妈妈特意拜托老师给你补课，老师也愿意早点儿回家！”听到老师这么说，丝丝害怕妈妈会批评她，不敢再找借口推脱了。然而，在补课时丝丝心不在焉，补课效果很差。后来，老师把丝丝的情况反馈给妈妈，妈妈只得做丝丝的思想工作，丝丝对此不以为然：“妈妈，我不喜欢数学，也不喜欢数学老师，所以老师给我补课我根本听不进去，我建议您还是不要操心了。”听到丝丝的话，妈妈气得七窍生烟，她按捺住自己的怒火问：“你为什么不喜欢数学老师呢？”丝丝说：“就是不喜欢，没有原因和理由。”

妈妈沉思片刻，说：“每个老师对待学生的心都是一样的，就像每个父母对待子女的心都一样。老师都希望学生学习好，给自己的脸增光，所以你不要先入为主地讨厌数学老师，这样你怎么可能学好数学呢！如果你能接纳数学老师，你的数学成绩也会提高的。此外，你讨厌数学老师，老师根本没有任何损失，吃亏的是你自己，明白吗？”丝丝尽管没有回应妈妈，妈妈的话却对她产生了影响。她尝试着不那么讨厌数学老师，果然听课的效率大大提升。

青春期女孩的心思微妙而又奇怪，对老师，她们也会有鲜明的喜好。然而，事实告诉我们，当女孩喜欢某一门科目的老师时，她们自然也会对那门科目的学习动力十足，而如果女孩讨厌某一门科目的老师，那么她们也会顺带着讨厌那门科目，完全提不起学习兴致。正如妈妈所说，女孩不喜欢哪门科目或者哪位老师，对老师根本没有任何影响，反而女孩会因此学习成绩下滑，无法均衡发展。所以聪明的女孩面对自己“讨厌”的老师，不会任由负面情绪继续发展下去，而是会努力地调整自己的心态，看到老师的优点和良苦用心，进而认真面对学习。

每位老师都有职业道德，他们不会故意刁难某个学生，也不会偏爱某个学生。因而在面对老师时，哪怕老师身上有女孩不喜欢的地方，女孩也要学着去认可和欣赏老师身上的其他闪光点。这样，女孩才能把相关的课程学好，博得老师的认可和欣赏，从而使自己与老师的关系进入良性循环，对女孩的学习起到积极的推动作用。妈妈要告诉女孩，每个人在生活中都会遇到自己不喜欢的人，我们要以宽容的心态接纳他人，与他人建立和谐的关系。老师的工作是传道授业解惑，而不是取悦学生，因此，女孩要尽量消除自己对老师的偏见，与老师正常地交往。

④— 怎样做才能得到老师的喜爱

在妈妈的劝说下，丝丝决定不再与数学老师对着干，而是要赢得数学老师的喜爱。从讨厌数学老师到接纳数学老师，再到赢得数学老师的喜爱，这对丝丝而言并不是一件简单的事情，但是丝丝想要挑战自己，不是为了征服数学老师，而是为了证明自己的实力，对自己的人生负责。

丝丝首先调整了自己的心态，她决定不再讨厌数学老师，而像妈妈提醒她的那样努力发现数学老师的优点。渐渐地，丝丝发现数学老师并没有那么招人讨厌。数学老师和妈妈的年纪差不多，丝丝决定把她当成自己的长辈，这样一来丝丝对数学老师就产生了亲近感。在补课的过程中，丝丝试着消除自己的抵触心理，努力配合数学老师，想到数学老师一边饿着肚子给自己补课，一边惦记着家里的女儿，丝丝对数学老师充满了感激之情。渐渐地，丝丝开始喜欢数学老师了。随着补课的推进，她渐渐对数学产生了兴趣。经过一个月的努力，丝丝的数学成绩提高了十几分。数学老师当堂表扬了丝丝，而且号召同学们都向丝丝学习。让丝丝高兴的不是成绩的提高，而是数学老师对她的认可和欣赏，这种被老师喜爱的感觉，丝丝非常享受。

回家之后丝丝马上向妈妈汇报了这个好消息。欣喜之余妈妈问丝丝："你觉得，你的数学成绩之所以有这么大的进步，是不是很大程度上得益于你和数学老师关系的缓和呢？"丝丝点点头，表示赞同。

青春期女孩都是性情中人，她们往往根据自己对老师的感情决定自己对待某一门科目的态度。在这种情况下，妈妈如果发现女孩某一门科目成绩不好，首先要找到原因。如果女孩是因为讨厌某个老师而讨厌某一门科目，那么妈妈就要引导女孩喜欢这门科目的老师。如果女孩能够更加努力，调整好心态，处理好自己与老师之间的关系，赢得老师对自己的喜爱，那么她们在学习上一定能取得突飞猛进的进步。

老师喜欢什么样的女孩呢？女孩怎样才能得到老师的喜爱呢？毋庸置疑，老师都喜欢品学兼优的孩子，所以很多父母误以为给老师送礼就能让老师对孩子更好，却不知道如果孩子调皮捣蛋、不思进取，成为老师心中让人头疼和无计可施的孩子，那么不管父母给老师送多少礼，老师都不会喜欢这个孩子。又或者，如果孩子本身很讨厌老师，那么试问谁会喜欢一个讨厌自己的人呢？所以要想让女孩得到老师的喜爱，妈妈首先要引导女孩喜欢老师，然后让女孩认真努力地学习，少给老师惹麻烦，那么老师当然会喜欢女孩。当然，我们不能强求每个孩子都是学习的能手，如果女孩在学习方面确实没有天赋，让女孩学会与老师相处，也能让女孩的学校生活变得更加愉快轻松。总而言之，人与人的相处是相互愉悦的过程，让女孩与老师的交往变得愉快，老师就会喜欢女孩。

⑤—— 喜欢上老师，该表白还是埋藏在心底

师生恋时有发生，尤其是当女孩的年纪比较大，而老师的年纪又比较小时，女孩喜欢老师似乎也就成为水到渠成、理所当然的事情。丝丝如今就面临这样的窘境，她越来越喜欢语文老师，甚至期望自己能够成为语文老师的女朋友，和语文老师轰轰烈烈地谈一场恋爱。

眼看着初中毕业在即，丝丝很担心以后再也没有机会遇到语文老师，于是萌生了向语文老师表白的想法。但是她很犹豫，因为她不知道自己表白之后会迎来怎样的结果，如果被拒绝，那一定是她无法承受的。如果不表白，万一错过了怎么办呢？思来想去，丝丝不知道自己该如何是好。一个周末，丝丝和妈妈一起欣赏电视节目，恰巧电视中的女孩就爱上了自己的老师，并且爱得如痴如狂，在向老师表白被拒后居然患上了精神分裂症，不得不休学治疗。而那个无辜的老师也因此背负了道德上的指责，被调动到低一级的

学校任教。这时，丝丝试探着问妈妈："妈妈，您觉得女孩爱上老师，是该表白还是不该表白呢？如果成功了，是不是也是一段佳话啊？"妈妈慎重思考之后，对丝丝说："爱情的确是造物主赐予人类最好的礼物，但是爱情是要在对的时间遇到对的人。如果时间不对，或者人不对，那么就是悲剧。就像电视里的女孩，她爱的时间不对，人也不对，必然会遭受沉痛的打击。初中生或者高中生爱上老师，几乎没有成功牵手的可能。这是因为初中和高中女孩身心还没有完全成熟，对于爱情的理解也很浅薄，有的时候甚至会把对老师的崇拜当成爱情。这样盲目地表白，不但会害了自己，也会害了老师。如果能够冷静理智一些，把对老师的崇拜或者姑且说是爱情隐藏在心底，等自己上了大学或者大学毕业，如果对老师的爱没有变化，再去表白也不迟。只有经得起时间检验的感情，才是真感情。"

妈妈的话让丝丝茅塞顿开：的确，就算我现在向老师表白，也不能和老师在一起，因为我还这么小。既然如此，我为什么要把一个人的烦恼变成两个人的呢？如果像电视剧里一样弄丢了老师的工作，说不定还会招致老师憎恨呢！我还是应该把爱情埋藏在心底，就像妈妈说的，等待时间检验之后如果确定是真爱，再表白也不迟。

很多青春期女孩都会崇拜年轻的男性老师，这是因为青春期女孩发育比同龄男孩早，因而她们往往不把同龄的男孩看在眼里。又因为有些女孩潜意识里有恋父情结，她们喜欢寻找依靠和安全感，自然会把注意力放在经常与她们接触的男性老师身上。尤其是在课堂上，当看到老师风度翩翩、才华横溢的形象时，她们对老师的崇拜与爱意会更浓。

事例中妈妈给出的回答非常完美，任何感情都要能够经得起时间的检验。如果随着时间的流逝，女孩对老师的爱慕渐渐被冲淡，那么曾经的暗恋和单相思就会成为女孩心中最美好的回忆。如果女孩在读完高中、大学之后还深爱老师，那么相信这样坚定不移的感情一定能够战胜一切艰难阻碍，获得完美的结局。所以女孩面对喜爱的老师时，一定要淡定，切勿冲动地做出表白的决定，以免让自己追悔莫及。

⑥—— 正确对待老师的过失，委婉地向老师提意见

经过一段时间的冲刺之后，丝丝的数学成绩有了大幅度提高，这使她如愿以偿地考入重点高中，开始了崭新的学习生活。高中的学习任务更紧更重，虽然是高一，每个同学都如同动力充足的马达，开足马力向前冲。丝丝想到自己如果考上名牌大学，人生就会变得截然不同，因而也战胜疲惫，时刻提醒自己努力用功。

为了奖励丝丝，妈妈送给丝丝一部苹果手机当礼物。有一天中午，丝丝着急去食堂吃饭，忘记拿手机就离开了教室。打好饭之后，她才想起来自己把手机落在教室里了，担心手机会丢，就急匆匆地跑回教室。不料眼前的一幕让丝丝惊呆了，老师正坐在她的座位上看她的手机。丝丝很生气，她的手机没有设置密码，打开手机就能看到她的小秘密。但是她又不好意思直接指责老师，只能站在那里不知道该说什么。老师也觉得有些尴尬，解释道："丝丝，你的手机是最新款的苹果啊！看起来很漂亮！"丝丝点了点头，

突然脑中灵光一闪，对老师说："老师，您如果想看最新款的苹果手机，可以去手机店看，那里还可以免费试用呢！我的手机里有很多秘密，爸爸妈妈未经我的许可都从来不看，所以还是请您还给我吧！"老师不好意思地笑了，说："也是，也是，你是大姑娘了，该有自己的秘密。"

面对老师偷看自己手机的情况，丝丝如果当场大闹，让老师下不来台，一定会让老师心中不快。丝丝顾及老师的面子，没有当即质疑老师，而是以爸爸妈妈来说明问题，让老师知道手机是私人物品，就连父母都不能看，更何况是老师呢？这样一来，相信聪明的老师一定会有所收敛，再也不敢偷看丝丝的手机了。

当然，老师也是人，不可能完全没有错误。实际上每个人都会犯错误，所以面对老师无意间犯的错误，女孩在委婉地向老师表达自己的态度和立场之后，一定要解开心中的疙瘩，一如既往地尊重和对待老师。需要注意的是，对每个女孩而言，老师都是师长，是女孩学校生活的重要陪伴者，所以聪明的女孩会给老师留面子，委婉地向老师提意见。这样一来，既顾全了老师的颜面，也让老师知道了自己的态度，从而与老师更好地磨合，最终和谐相处。当然，如果老师对女孩的隐晦表达无动于衷，那么女孩也可以开诚布公地和老师谈一谈，相信女孩的勇敢和不卑不亢一定会让老师大吃一惊，意识到自己要尊重学生。

⑦—— 不要把老师的负责当成义务

高一下学期，丝丝觉得自己在英语的学习上非常吃力，因而不止一次在妈妈面前嘀咕："还是初中时的数学老师好，自己有孩子还能抽出时间给我补课。现在的英语老师还没有男朋友，就不愿意花时间为我补习英语，真是不配当老师。"

听了丝丝的抱怨，妈妈意识到丝丝的想法很自私，因而赶紧纠正："丝丝，你要记住，这个世界上除了父母会无条件对你好之外，没有人有义务对你付出。初中时的数学老师是因为不想耽误你，也因为妈妈的恳求，才会为你补课。虽然你们现在的英语老师还很年轻，没有成家立业，但是她也要在工作之余谈恋爱、照顾父母，或者是也需要学习，提升自己，没有精力帮你补习。所以你千万不要把老师的责任当成义务，老师只有责任在课堂上为你们传道授业解惑，没有义务放弃自己的生活为你们付出。如果你真的想补英语，妈妈可以帮你报名补习班。记住，老师没有义务对你那么好，老师只要尽到自己的本分就是好老师。而且就算是对父母，孩子也没有权利一味地索取，在西方国家很多父母在孩子满十八周岁后，就会让孩子自力更生，这完全是正确的。”妈妈的话让丝丝陷入了沉思，原本对老师心怀不满的她再也不苛求老师了。

在这个世界上，除了父母没有任何人会无条件为孩子付出。老师也只是一种职业而已，他们不可能放弃自己的所有生活，完全为学生服务。所以作为学生，一定不要觉得老师对自己的付出和父母对自己的付出一样理所应当，唯有心怀感恩，女孩才能正确对待老师的付出，才会珍惜自己所拥有的一切。

如今的孩子大多缺乏感恩之心，他们总是觉得所有人对他们的付出都是理所应当的。这种想法是非常自私的。在面对老师时，青春期女孩要摆正心态，不要把自己学习成绩不好的原因全都归结到老师身上。实际上，学生才是学习的主体，老师只充当引导者的角色。当学习成绩不尽如人意的时候，女孩首先应该反省自己是否足够努力，是否掌握了正确的学习方法，然后再结合其他方面的情况，努力提升学习成绩，让自己在学习方面有更加突出的表现。如今，社会上有很多补习班，如果女孩真的觉得自己学习吃力，也可以报名补习班，有针对性地提升自己的成绩。

⑧ 内心敏感，被老师批评后想不开怎么办

周五放学回到家，丝丝就躲到房间里，妈妈做好饭喊她吃饭，她也不出来。妈妈意识到丝丝可能在学校里遇到了不开心的事情，特意打电话询问班主任。班主任告诉妈妈，丝丝因为在考试时配合同桌作弊受到了批评，因而心情不好。

妈妈赶紧询问丝丝具体情况，还问丝丝为什么要帮助同桌作弊，丝丝委屈地大哭起来，说："老师误解我，您也误解我。从小到大，我什么时候作弊啦，就连帮别人作弊也没做过。"看到丝丝这么激动，妈妈赶紧表态："妈妈正是因为相信你才来问你具体情况啊，妈妈了解你，知道你不会作弊的。"妈妈的认可让丝丝渐渐恢复平静，这才哽咽着告诉妈妈："下午的第一节课考数学，我正在专心致志地做试卷，同桌就用胳膊碰我。我知道她不会做，但是我没搭理她。她不停地碰我，我一直不理她，后来她就用胳膊肘戳我，正好被数学老师看见了。他走过来，不分青红皂白就收走了我

们两个人的试卷，我最后的附加题都没来得及做。数学老师还向班主任告状，说我配合同桌作弊，结果我又被班主任批评了一通，还被要求写检查。我周一不想去学校了，我根本就没有错。”妈妈没有质疑丝丝，的确，从小到大，丝丝考试从来不作弊。但是事情既然已经发生，一味地去辩解，并不是好的解决办法。而且一旦丝丝因为这件事情对老师反感，必然影响学习成绩，所以妈妈决定做丝丝的思想工作。

妈妈语重心长对丝丝说：“丝丝，你听说过一句话吗？人非圣贤，孰能无过？老师也是人，每天面对你们这么多孩子，学校领导又要求他们出成绩，所以他们压力也很大。妈妈相信是老师误解你了，但是如果让老师给你认错，以后同学们都不听老师的话，你们班岂不是乱套了？我建议你就写检查，在检查中把详细的过程叙述一下，老师也会意识到自己误解了你，慎重处理这件事情。当然，我也会告诉班主任这件事情的真相，你就不要和老师较劲了，好吗？”丝丝点点头，问妈妈：“老师会相信吗？”妈妈告诉丝丝：“当然，妈妈会好好地跟老师谈，并把你与你同桌的学习情况分析给老师听，老师会相信的。”

青春期女孩内心敏感，她们不想承受误解，更不想因为误解被老师批评。她们会感到自尊心受到伤害，甚至因此对老师心怀芥蒂，影响学习成绩。妈妈在看到女孩被批评后的沮丧失望时，不要急于否定老师，要知道老师是女孩学习的领路人，需要在女孩心目中保持威信。事例中妈妈的处理方式很好，她先引导丝丝接纳老师也会犯错的事实，然后让丝丝意识到老师必须有权威才能管理好班级，建议丝丝在检查中向老师讲述事情真相。这样，丝丝很容易就接纳了妈妈的解决方案，也不会因此对老师反感或者抵触。

做好一切之后，妈妈还会去和老师沟通，委婉地提醒老师注意与女孩相处的方式，建议老师不要不分青红皂白就批评女孩。妈妈说话当然是有分寸的，而且本着为女孩着想的态度，老师也会乐于与妈妈沟通。这样一来，问题就能圆满解决了，相信老师以后不会再不顾事实真相随便批评女孩了。

此外，妈妈还应该告诉女孩，老师也是普通人，因而也会犯各种各样的错误。很多青春期女孩总是把老师想得过于高大和神圣，因而在遭到老师的误解和批评时会觉得难以接受。因此，让女孩学会理智客观地评价老师是非常重要的。

第十一章 青春期女孩如何与父母相处

青春期女孩开始有了自己的想法，渴望独立，在与父母相处时难免会发生各种矛盾。有时因为观念不同，青春期女孩还会与父母陷入无休止的争执和误解之中。因此，教会青春期女孩正确地与父母相处是非常重要的。

①—— 与其生闷气，不如和父母多沟通

这个周末，妈妈陪着小涵去商场买鞋子。原本，妈妈想给小涵买两双舒适的运动鞋，不想，到了商场，小涵坚持要买一双皮鞋。妈妈当即反对，对小涵说："你可想好了，上体育课的时候不能穿皮鞋，而且你们课间就十分钟，上厕所都要小跑着去，你穿着皮鞋万一扭伤脚怎么办？"小涵虽然知道妈妈说得有道理，但还是坚持要买皮鞋。

妈妈坚决不同意，说小涵还是学生不能穿皮鞋。就这样，妈妈固执己见地给小涵买了两双运动鞋。回到家里，小涵闷闷不乐，连晚饭都没吃。爸爸不明就里，不知道宝贝女儿这是怎么了，因而问妈妈。妈妈有些生气，说："小小年纪就臭美，非要买皮鞋，我没同意。"听到妈妈的话，爸爸有些心疼闺女，说："她想买皮鞋，你就给她多买一双，你想买运动鞋你继续买，她愿意穿什么就穿什么，咱们家又不是负担不起这一双鞋。"妈妈马上把怒气发到爸

爸身上，说：“哎呀，你都不知道你把你闺女惯成什么样子了。你也别当好人，你自己到现在都还没找到新工作。”妈妈这么一说，爸爸有些惭愧，也不敢反驳，只好去安抚小涵。爸爸对小涵说：“小涵，等爸爸找到新工作就给你买皮鞋，好不好？你也知道爸爸下岗了，家里就靠着妈妈的工资开销，妈妈压力也很大。”小涵委屈地哭起来，说：“元旦晚会上，老师要求女生都穿黑色皮鞋。我没有就不能参加晚会了。”爸爸问：“你告诉妈妈了吗？”小涵摇摇头，说：“妈妈坚决不允许我买皮鞋，我什么也不想说。”爸爸说小涵：“你这个丫头就是倔，脾气和你妈一模一样。你要是告诉妈妈老师让买黑色皮鞋，妈妈肯定会给你买的呀！你看看，这个世界上最疼爱你的人就是妈妈，你怎么不相信妈妈呢？不管有什么事情，你都要告诉妈妈，妈妈才能理解你，知道吗？”

后来，爸爸把小涵要买皮鞋的理由告诉给了妈妈，妈妈第二天就给小涵买回了皮鞋。看着崭新的皮鞋，小涵心里很内疚，对妈妈说：“妈妈，对不起，这双鞋一定很贵吧！”妈妈笑着说：“没关系，既然学校要用，咱们就买双好的，平时也能穿。”小涵扑到妈妈怀里，感动地哭了起来。

每个人都是这个世界上独一无二的个体，哪怕是亲如母女，也需要进行沟通，才能彼此了解，相互体谅。事例中的小涵因为妈妈不理解她的需求感到委屈，从而倔强地不愿意告诉妈妈她想要皮鞋的原因。随着青春期不断推进，青春期女孩的需求也越来越多，在这种情况下，妈妈更要理解女孩，了解女孩的需求，适度满足女孩的爱美之心。谁不是从青春的年纪走过来的呢？妈妈们还记得自己对高跟鞋的渴望吧！成为妈妈后，也不要忘记自己的少女心，这样才能与女孩心贴心，更好地与女孩相处。

在这个世界上，父母是最疼爱女孩的人。每个父母都希望心爱的女儿成为公主，尽享美好，越来越健康美丽。因此，女孩要信任父母，尤其要信任妈妈，不管遇到什么困难都要及时向妈妈倾诉，这样才能得到妈妈的帮助。人们都说沟通是人际交往的桥梁，父母子女同样需要沟通才能愉快地生活。

②—— 唠叨不停，也是爱你的表现

因为前一天晚上写作业写到很晚，早晨起床时小涵怎么也抬不起沉重的眼皮，忍不住又昏昏沉沉地睡去。眼看着再不起床就要迟到了，妈妈只好掀开小涵温暖的被窝，用自己冰凉的手贴在小涵的后背上。小涵打了个激灵，气得哭了起来。小涵好不容易才起床，但是洗漱之后，她根本没有心情吃早饭。看着妈妈准备好的牛奶和切片面包，小涵说："我不吃了。"说完，她就背起书包走出家门。妈妈在小涵身后不停地喊道："你不吃饭，上午上课不饿吗？"小涵头也不回地走了。

下午放学，小涵刚回家，妈妈就端着准备好的点心送到书房，嘴里说着："今天一定饿坏了吧。以后要早点完成作业，晚上早点睡觉，这样早晨才能起得来。不然，你总是这样不吃早饭怎么行，影响身体发育，学习成绩也会下滑。"小涵打着哈欠，对妈妈越来越没耐心，终于忍不住吼道："行啦，说完没有，烦死了！"妈妈想不到乖乖女小涵会这么对自己说话，气得眼泪在眼眶里直打转，也吼道："你还有脸生气？我不相信你们老师每天布置的作业都需要你们写到十二点，你就是个拖拉鬼，所以写作业磨磨蹭蹭，闹得自己连觉都睡不好。"小涵看到妈妈生气了，有所收敛，但是依然很不服气地嘟囔："困死也比听你唠叨好，烦人。"妈妈一句话没说，伤心地走出书房。

妈妈没有做晚饭，而是失落地躺在床上睡了。爸爸回来看到家里的场景很纳闷，再看看小涵红肿的眼睛，爸爸意识到小涵肯定和妈妈吵架了。了解了前因后果，爸爸温柔地劝说小涵："小涵，你已经是大姑娘了，你这样对妈妈，妈妈怎么能不伤心呢？因为惦记你早晨没吃饭，妈妈一下班就在厨房做你最爱吃的蔓越莓饼干。也许你觉得你少吃一顿饭不碍事，但是妈妈就怕你饿坏。如果妈妈不关心你有没有吃饱穿暖，你怎么能健康成长呢？"小涵不耐烦地说："但是妈妈整天就知道让我吃吃喝喝，根本不能给我其他的帮助。"爸爸皱起眉头："小涵，妈妈每天早起为你做早餐，晚上一下班来不及休息就给你做晚饭，有的时候你熬夜写作业，妈妈还会给你做夜宵。虽然不像其他妈妈一样帮你辅导功课，但是妈妈为了让你更好地成长尽了自己最大的努力啊！这些你怎么能忽视呢？"爸爸的话使小涵陷入沉思，想起妈妈平时天不亮就起床为她准备早饭，晚上她写作业到很晚，妈妈也会陪着她，小涵觉得很后悔。

到了青春期，妈妈的喃喃细语已经很难受到女孩们的欢迎了。相反，女孩会因为自己长大了，懂得越来越多，觉得妈妈一无所知。实际上，妈妈也曾经年轻过，也曾经嫌弃自己的妈妈唠唠叨叨。但是自从有了孩子，妈妈就像变了一个人，她们不再那么时尚，也不再不停地为自己买衣服鞋子，她们心里装的都是孩子，甚至因此而忽略了丈夫。难怪人们都说母爱是世界上最伟大的，每一个母亲都能创造奇迹。

面对妈妈的唠叨，青春期女孩也许会觉得烦人，但是随着女孩不断地成长，总有一天她们会知道，唠叨是妈妈爱的外衣，是妈妈爱的表现，也是妈妈对爱最好的诠释。每个青春期女孩都应该珍惜在妈妈身边成长的时光，用心感受妈妈唠叨声中的浓浓爱意。

③—— 为什么你的父母总是“故意”和你对着干

周末晚上，妈妈问小涵想吃什么。小涵想了想，告诉妈妈：“我想吃饺子。”但是，天已经快黑了，妈妈为难地说：“小涵，你这可是故意刁难妈妈了，包饺子要准备馅料，还要和面擀饺子皮。你要是想吃饺子，应该早点告诉妈妈的，现在做根本来不及啊！”小涵有些委屈，说：“是您问我要吃什么的，我回答了您又有意见，您这不是故意让我难堪吗？”听到小涵这么说，妈妈觉得啼笑皆非，开玩笑道：“哎哟，你这个丫头还知道难堪啊，我可是你妈呀，你在我面前有什么难堪的。这样吧，咱们晚上先吃面条，明天我去买虾仁，给你包三鲜饺子吃。”小涵没吱声，妈妈以为小涵同意了，就去煮面条了。

妈妈把面条煮好，还拌了凉菜，爸爸刚巧也回家了，就准备开饭。不想，妈妈喊了两三遍，小涵都不吱声。爸爸只好去查看小涵的情况，这才发现小涵正在房间里抹眼泪呢。爸爸不明真相，问了妈妈，妈妈也不知道小涵怎么了。在爸爸妈妈的再三追问下，小涵才委屈地说："我说要吃饺子，妈妈故意不给我吃，故意和我作对，故意让我不高兴。妈妈想让我哭，我就使劲哭呗，正好顺了妈妈的心意。"听到小涵的话，妈妈又生气又觉得好笑："我为什么要故意与你作对啊？我与你作对有什么好处啊？你简直莫名其妙！"小涵眼泪簌簌而下，哭得更厉害了。妈妈着急地说："我不是告诉你今天太晚了，来不及做饺子，明天给你做吗？我真是多嘴问了你一声！"小涵委屈地喊道："既然如此，您以后不要问了，反正我的回答也没用。"妈妈很无奈，小涵进入青春期后，妈妈已经尽量照顾她的情绪，但是小涵还总是闹脾气，误解父母，妈妈也不知道该怎么做才好了。

青春期女孩总是非常敏感，内心也很脆弱，生活中小小的不如意，就会让她们想很多。哪怕是一心一意为她们好的父母，也时常受到她们的质疑。实际上，这不是因为父母改变了，而是青春期女孩的心理变得太脆弱，感情变得太敏感，对父母的关心草木皆兵了。在这种情况下，青春期女孩要对自己的心理和精神状态有正确的认识，从而有意识地调整自己的心理状态，让自己变得更加乐观开朗。试想，如果在这个世界上连父母都不能信任，青春期女孩还能信任谁呢？

为了尽量减少对父母的误解，青春期女孩要与父母展开积极的沟通。很多时候，误解都是因为沟通不到位产生的，当对父母所说的话或者所做的事情心存疑惑时，女孩就应该及时与父母沟通，把心中的疙瘩解开。很多家有青春期女孩的父母都会因为女孩进入青春期后的敏感、细腻、脆弱和叛逆而苦恼，父母无心的一句话，或者不经意间的一个举动，在青春期女孩的心里都会产生严重的影响，甚至让她们产生不被关爱、不被理解的错觉。为此，她们会渐渐地疏远父母。实际上，这完全是因为青春期女孩自身的敏感脆弱导致的。青春期女孩要想轻松地生活，就要端正心态，不要太过敏感。

④ 控制不住坏情绪，伤害自己也伤害父母

在上个月的月考中，小涵取得了综合成绩全班第一的好成绩，这对成绩始终在十名上下徘徊的小涵而言，无疑是巨大的进步，为此爸爸妈妈都非常高兴，表扬了小涵。然而，在接下来的学习中，小涵变得骄傲了。正如人们常说的，谦虚使人进步，骄傲使人落后。在一个多月之后的期末考试中，小涵严重退步，成绩一下子下滑到班级二十几名。为此，妈妈很生气地指责小涵："小涵，你上次考试得了第一名是不是骄傲了？你看看你们班那几个学霸，哪个不是一丝一毫都不敢松懈，始终都在努力的呢？你就是这样得瑟。"小涵听到妈妈的话，心中的愧疚感突然消失，生气地说："您还好意思说我，要不是你们给我的遗传基因太差，我也能成为学霸。你们自己学习不好，一个是工人，一个是超市收银员，有什么资格要求我啊！"

听了小涵的话，妈妈气得七窍生烟："我当超市收银员怎么

了，丢你的人了吗？我那是小时候没有条件学习！”小涵也不甘示弱：“得了吧，您要是上学，说不定就是倒数第一第二呢，也就仗着没上学，还敢吹吹牛。您想考大学现在也可以啊！您去考啊，去考啊！”妈妈一气之下给了小涵一个大耳光，小涵伤心地哭了起来。

在这个事例中，妈妈只是因为小涵没有正确面对学习的态度，所以才会气愤地指责小涵。如果小涵能够控制住自己的情绪，意识到自己成绩波动是因为骄傲自满，并且能够坦然向妈妈承认错误，端正学习态度，那么两人之间的这场争吵也就不会发生了。因此，女孩一定要摆正心态，不要因为情绪冲动就对妈妈或爸爸口无遮拦，让他们伤心。

人生不可能永远顺遂如意，尤其是对青春期女孩而言，不但要面临身体的快速发育，还要面对心理上的急剧改变。在紧张的生活与学习中，青春期女孩难免觉得焦头烂额，情绪也会变得冲动易怒。然而，一个人最大的敌人就是自己，青春期女孩要想健康快乐地成长，就要努力控制自己的坏情绪，从而避免与父母产生冲突，导致两败俱伤。

⑤ 在父母眼中，你真的不如别人家的孩子吗

与妈妈大吵一架之后，小涵也意识到了自己的态度问题，因而在后来的学习中一直非常努力，让自己的成绩保持在班级十名左右。但是，妈妈对小涵充满了期望，她希望小涵能冲进前三名。一次期中考试，小涵的成绩是班级十一名，而妈妈同事家的孩子小丁考了全班第二名。妈妈终于忍不住说："小涵，你看看小丁，一个男孩子学习那么好！我觉得你应该向小丁学习，哪怕不考第一第二，考个三四五六名妈妈脸上也有光。"

听了妈妈的话，小涵不以为然地撇了撇嘴，说："您喜欢小丁，就认他当干儿子啊。您只知道羡慕人家孩子学习好，怎么不看看小丁爸爸是老板，小丁妈妈是大学老师呢？"小涵的一番话让妈妈无言以对。小涵很伤心：难道在爸爸妈妈心里，我真的不如别人家的孩子吗？可是我已经非常非常努力了呀！

实际上妈妈之所以让小涵努力加油赶超小丁，并不是觉得小涵不够优秀，而只是希望小涵能激发自身的潜力，在学习上更上一层楼。只不过，妈妈拿自己与别的孩子做比较让小涵很反感，也导致敏感的小涵完全误解了妈妈的心意。对父母而言，自己的孩子就是最好的孩子，哪怕自己的孩子学习不好、调皮捣蛋，他们也依然深爱自己的孩子。因此，每个青春期女孩都应该学着理解父母不当表达方式背后的深意。如果实在不能接受父母的表达方式，可以直接告诉父母自己的想法。这样一来，父母才能意识到自己不恰当的行为给女孩带来的心理创伤，进而改正自己的行为。

对敏感脆弱的青春期女孩而言，被父母拿去和其他优秀的孩子比较会让她们承受巨大的压力。因而明智的父母不要总是把孩子与其他孩子进行横向比较，而应该将孩子现在的表现与过去的表现进行纵向比较。例如孩子考试总是倒数第一，那么父母不该把他与班里的正数第一比较。而当孩子有了进步成为倒数第二时，父母要把他现在的成绩与以前的成绩比较，肯定和鼓励孩子，帮助孩子树立信心，让孩子有勇气继续努力。父母在教养过程中一定要照顾到青春期女孩敏感细腻的情绪，帮助女孩健康快乐、充满信心地成长。

⑥ 面对疑神疑鬼的父母，你该怎么办

转眼之间，小涵已经成为初三的大女孩。从前一段时间开始，小涵突然变得特别爱打扮，不但要求妈妈给她买新裙子，还要求妈妈给她买口红、粉底等化妆品。每天早晨出门前，小涵会对着穿衣镜上下打量自己。细心的妈妈意识到：小涵可能谈恋爱了。

此后，妈妈更加细致地观察小涵，发现小涵总是偷偷地笑。妈妈更加断定：小涵一定是恋爱了！为了查明真相，妈妈第一时间想到了小涵的日记本。然而，小涵平时都把日记本锁在抽屉里，妈妈根本无法翻看。一天晚上，小涵突然肚子疼，急匆匆地跑去卫生间。妈妈看到小涵没有合上的日记本，赶紧跑过去看。正在妈妈看得聚精会神时，小涵突然回到房间，妈妈只好假装在为小涵收拾书桌："小涵，你的桌子太乱了，妈妈帮你收拾一下。"小涵疑惑地看着妈妈："您不是去年就要求我自己收拾房间了吗？"看到书桌上的日记本，小涵恍然大悟，当即对妈妈说："妈妈，您如果想

看日记可以告诉我，我明天不锁抽屉，留给您慢慢看。”妈妈脸红了：“小涵，妈妈只是帮你整理桌子时顺便看了一眼，不是故意的。”小涵笑了：“其实我的日记里也没有什么秘密，我只是希望有自己的空间而已。您想知道什么，尽可以问我，我都会告诉您的。毕竟，您是我最信任的妈妈呀！”听到最后这句话，妈妈更羞愧了：女儿这么信任我，我却要偷窥女儿的秘密，简直太不应该了。妈妈当即决定，以后再也不偷看小涵的日记了。

面对妈妈的窥探和揣测，小涵没有很气愤地将日记本从妈妈手中夺回，因为她知道这样必然导致妈妈对她的日记更好奇。小涵反其道而行之，大大方方让妈妈随便看她的日记，并且告诉妈妈自己最信任的人就是她。这样一来，妈妈反而不好意思再偷看小涵的日记，也因为愧对小涵的信任而感到懊悔。想必经过这件事情后，妈妈不会再怀疑小涵，更不会轻易窥探小涵的隐私了。

面对疑神疑鬼的父母，聪明的女孩不会犹抱琵琶半遮面，以防激起父母对自己更强烈的好奇。她们会像事例中的小涵一样，直接表达自己对妈妈的信任。遇到这种情况，父母要调整好心态，充分理解和信任女孩，从而有效改善亲子关系，让亲子关系变得更加亲密无间，和谐融洽。

⑦ 爸爸妈妈离婚了，你得到的爱并不会少

生活总是一波未平一波又起，小涵中考刚结束，就得知爸爸妈妈离婚的消息。原来，爸爸妈妈的感情早就破裂了，只不过为了不影响小涵中考，所以他们才勉强维持着婚姻关系。小涵中考一结束，他们就去办了离婚手续。小涵接受不了家庭突如其来的变故，扬言如果爸爸妈妈不复婚，她就要离家出走或者自杀。

看到妈妈泪流不止，小涵突然想：是不是因为爸爸有外遇了两人才会离婚？小涵再三追问妈妈，妈妈却不愿意多说什么。有一天，爸爸回家来拿自己的衣物，小涵歇斯底里地质问爸爸，爸爸承认了自己婚内出轨的事实，这又给了小涵沉重的打击。那天晚上，小涵待在网吧没有回家，爸爸妈妈疯狂地四处找她，直到凌晨才在网吧里找到小涵。妈妈知道必须重视小涵的心理状态，否则小涵也许会做出更加疯狂的举动。当着小涵的面，爸爸表态：虽然小涵以后跟着妈妈生活，但是爸爸依然是爸爸，他对小涵的爱丝毫不会减

少。妈妈也表态：以后会好好照顾小涵，哪怕要组建新的家庭，也会首先征求小涵的同意。妈妈耐心地开导小涵："小涵，你得到的爱不会减少，也许还会增多。妈妈还是妈妈，爸爸还是爸爸，父母与子女的血缘关系是不会改变的，唯一改变的只是父母不在一个屋檐下生活了。但是为了你，我们还是会好好相处，毕竟你是我们共同的女儿。"这次之后，小涵对爸爸妈妈离婚的事情没有那么抵触了。在妈妈无微不至的关心和照顾下，小涵除了不能每天晚上都看到爸爸以外，生活并没有太大的改变。每到周末，爸爸也会来接小涵，带小涵出去游玩，渐渐地，小涵又变得快乐起来。

在离婚的时候，受到伤害最大的就是孩子，因为他们稚嫩的心灵不知道自己即将面对什么，他们恐惧未知，不想失去爸爸妈妈，因此，他们会歇斯底里地反抗，想用父母对他们的爱要挟父母复婚，还给他们一个完整的家。然而，感情的事情除了当事人，谁也说不清楚，感情不在了，父母就算勉强在一起，也只是徒增痛苦。很多父母离婚时都会忽略孩子的感受，总觉得孩子还小，只要安排好孩子的吃喝拉撒就好。殊不知，孩子虽然小，对于家庭的任何变化却是异常敏感。他们不想因为父母离婚而改变自己的生活，失去父母的爱，让自己成为其他同学眼中的另类，他们希望生活永远如常。

人们常说，在家庭生活中男性是强势群体，女性是弱势群体，实际上，真正的弱势群体是孩子。他们总是被父母当成婚姻的附属品，在家庭生活中没有表态的权利，他们的呼声往往被父母忽略。青春期女孩的内心敏感又脆弱，父母婚姻的变故会给她们带来沉重的打击，所以父母本着对女孩负责的态度，最好不要向女孩隐瞒婚姻状况，而要给女孩时间，让她们慢慢接受父母已经不再相爱的事实。尤其是在真正离婚之后，父母更要加倍地爱女孩，帮助女孩重新建立安全感，适应新的生活。

⑧—— 那些难以启齿的小秘密，不妨和妈妈说说悄悄话

最近，小涵觉得自己的心情糟糕透顶。自从爸爸妈妈离婚后，她总是觉得自己低人一等，原本她很喜欢去好朋友丹丹家里玩耍，然而在爸爸妈妈离婚之后，她只去了一次就再也不去了。妈妈以为小涵和丹丹吵架了，好几次询问小涵为什么疏远丹丹，小涵都不愿意说。直到丹丹过生日邀请小涵参加生日聚会被小涵拒绝时，妈妈才忍不住追问："小涵，你和丹丹之间发生了什么事情啊？"在妈妈的追问下，小涵突然大哭起来，说："妈妈，我觉得我心理变态了。"妈妈被吓了一跳，赶紧问："什么？你为什么这么说？"小涵哽咽着告诉妈妈："自从您和爸爸离婚后，我一看到丹丹的爸爸妈妈在一起就觉得心里很难过。丹丹有一个完整的家，我却没有，所以我很嫉妒丹丹，我不想和她继续当朋友了。妈妈，我是不是病了？"

妈妈听小涵这么说，眼泪簌簌而下，过了一会儿对小涵说：

“乖女儿，离婚是爸爸妈妈的决定，让你跟着受苦，妈妈也很抱歉。但是，你要知道，每个人都有权利选择自己的生活，虽然爸爸离开了我们，我们依然要祝福爸爸。你的心态是正常的，你和丹丹是好朋友，难免会拿丹丹和自己比较，觉得内心失衡。你要知道，每个人的人生都是不一样的，每个人都有自己的幸福，也都有自己的烦恼。你要变得快乐，如果一直沉浸在痛苦之中，你就自己把自己打垮了，知道吗？”小涵含泪点点头。

妒忌自己的好朋友，对小涵而言，也许就是难以启齿的阴暗内心的表现。实际上，对刚刚承受父母离婚打击的小涵而言，这一切都在情理之中。人们总是会特别关注自己没有的东西或者已经失去的东西，因而当得知小涵的真实心理后，妈妈没有责怪小涵，而是希望小涵能够战胜自己，从父母离婚的阴影里走出来。为了避免加重小涵的心理压力，妈妈从未在小涵面前诋毁过婚内出轨的爸爸，这正是对女儿最好的保护。

每个女孩在青春期都会有很多难以启齿的小秘密，这些小秘密或关乎喜欢某个男生甚至是年轻的男老师，或关于身体上的显著变化，还有可能是女孩遇到的人际交往难题。而因为爸爸是成熟的男性，女孩的很多秘密都不能告诉爸爸，在这种情况下，信任和理解妈妈，向妈妈倾诉，就显得尤为重要。如果小秘密不想被爸爸知道，女孩就可以趁着爸爸不在家，或者和妈妈一起外出逛街的时候，和妈妈说悄悄话。如果女孩能把妈妈当成自己的好朋友和知心人，那么女孩就能够及时得到妈妈的帮助与引导，女孩的成长一定会更加顺利。

第十二章 理智追星，你才是自己人生的领路人

很多青春期女孩都有自己的偶像，她们喜欢偶像，也喜欢偶像光鲜亮丽的生活，甚至渴望自己能够成为大明星，站在聚光灯下，享受万众瞩目的感觉。然而，对女孩而言，盲目的、不切实际的梦想并不能给她们的人生带来任何实际的好处，唯有当好自己人生的领路人，女孩才能拥有充实而又精彩的人生。

①—— 为什么女孩更喜欢追星

小敏是个单亲家庭的女孩，跟着妈妈生活。也许是因为觉得小敏失去了父爱，妈妈非常溺爱小敏。进入青春期之后，小敏疯狂地喜欢上了一个男明星，而且不止一次向妈妈提出："如果男明星来我们这里开演唱会，您一定要帮我买门票。"平时小敏总是拿零用钱去买关于那个男明星的纪念品，丝毫不体谅妈妈赚钱时的辛苦。很快，妈妈就觉得吃不消了，因为她只是普通的小职员，而且离婚后一直租房子住。为此，妈妈劝说小敏不要盲目追星，小敏却说："妈妈，我就是喜欢那个男明星，如果有一天您能让我亲眼看到那个男明星，您让我做什么都可以。"听到小敏这么说，妈妈很担心。

经过一番慎重的思考，妈妈意识到小敏需要更多地与男性接触，为此，原本不愿意女儿和爸爸过多见面的妈妈放松了条件，同意爸爸每周都可以来见小敏。渐渐地，小敏在爸爸的陪伴下不断成长，对那个男明星也没有那么痴迷了。

大多数青春期孩子都喜欢追星，与男孩相比，女孩对明星的迷恋更加疯狂与执着。这是因为女孩的身心发育比男孩早一到两年，当同龄的男孩还在无忧无虑地玩耍时，女孩就已经对自己的人生有了憧憬和渴望，梦想着改变自己的生活，获得精彩的人生，因而她们更容易对他人光鲜亮丽的生活产生羡慕。而且，有的青春期女孩像事例中的小敏一样，小小年纪失去父爱，对父亲的依恋和向往也会让她们更热衷于追求能给她们带来父亲感觉的男明星。还有些女孩喜欢“小鲜肉”，这样的追星比较纯粹，就是觉得对方长得帅、唱歌好、跳舞好而已。而且，青春期女孩对“小鲜肉”的喜欢一般不会维持很久，只要没有影响正常的学习和生活，父母就无须担心。

此外，女孩想象力丰富，常常会幻想自己成为女明星之后的风光靓丽，也会幻想自己得到男明星喜爱后的幸福激动。在不断的幻想中，女孩追星的渴望会越来越强烈。而且，当身边有人追星时，女孩受从众心理的驱使，也会加入到追星的行列中。追星是大多数青春期女孩都会有的行为，如果女孩没有什么疯狂的举动，妈妈无须太过紧张，甚至可以试着去了解女孩的偶像，这样自然会与女孩更亲近，从而更好地给予女孩指导。如果妈妈能正确引导女孩追星，说不定追星还能对女孩的学习和生活起到正面的引导作用。但如果女孩过于疯狂，妈妈就必须及时干预，不能让女孩因为追星而荒废了自己的人生。最直接的办法就是在生活中为女孩找到“偶像”，让女孩从“偶像”身上学习正能量，不断充实自己的人生。

②—— 什么样的人才有资格被称为偶像

正在读高一的艾薇，最近疯狂地喜欢上了一个男明星。这个男明星其实只是三四线的小角色，而且品质恶劣，徒有如簧的巧舌而已。为此，妈妈很苦恼，不知道怎样才能消解艾薇的狂热。有一天，正当妈妈劝说艾薇不要盲目追求那个小明星时，艾薇喊道："他是我的偶像！"偶像这个词语让妈妈的心突然一动，妈妈决定就从"偶像"入手，给艾薇讲讲道理。

妈妈先是让艾薇查阅偶像的定义，接下来又找出那个男明星的很多负面新闻给艾薇看。然后妈妈问艾薇："你觉得这个人还有资格做你的偶像吗？"艾薇若有所思。终于，妈妈想起一个很优秀的明星李连杰，因而马上向艾薇推荐李连杰。妈妈告诉艾薇："李连杰从小家境贫苦，失去了父亲，妈妈没有钱供他读书，他才选择练武。练武非常辛苦，李连杰从来不偷懒，最终才能有今天的成就。最让人感动的是，李连杰为了节省鞋子，为妈妈减轻经济负担，哪怕是大冬天也赤着脚跑步去学校。出名以后，李连杰还当了公益大使，经常做慈善，帮助他人。如果你想要一个偶像，也应该以这样积极向上的人为偶像。你觉得呢？”艾薇挠挠头，对妈妈说：“听您这么说，我觉得李连杰的确挺好的。那我就以李连杰为偶像，好吗？”妈妈点点头，说：“那你要向偶像认真学习！”艾薇笑着答应了妈妈。

青春期是人生中懵懂无知的时期，在这个阶段，女孩往往只能看到事情的表面，而无法了解事情深层次的本质和意义。正因为如此，很多女孩追星都是看对方唱歌是否好听、长得是否帅气，至于对方人品如何，是否具有正能量，有没有资格当偶像，她们丝毫不在意。一味地禁止女孩追星是不现实的，毕竟生活大环境如此，当身边很多女同学都追星时，女孩不追星也不可能。如果无法阻止女孩追星，妈妈就要引导女孩追求拥有正能量的明星，这样才能让女孩向偶像看齐，从偶像身上得到正面的影响。

什么样的人才有资格被称为偶像呢？首先，偶像要有正面积极的能量，要能传递正向磁场，而不应对女孩起到负面的影响。其次，偶像要有真才实学，那些空有好看的皮囊没有过人实力的明星根本不值得推崇。这个世界上没有一蹴而就的成功，偶像要给女孩起到积极作用，激励女孩努力奋斗和学习。最后，偶像还应该有良好的品质。偶像是榜样，如果没有良好的品质，只会给女孩和社会带来不良影响。妈妈一定要引导女孩透过现象看本质，告诉她们不要因为某个明星长得好看就盲目追星，而要了解他们的真实品性，以免自己被误导。

当然，未必只有明星才有资格当偶像，老师、同学、父母、兄弟姐妹以及其他任何人，只要有良好的品质、出众的实力，都可以被当作偶像，对女孩的成长起到鞭策激励的作用。

③—— 追星虽不丢人，但也不值得四处张扬

在妈妈的引导下，艾薇开始把李连杰当作偶像。她看了李连杰出演的所有电影，也了解了李连杰一路走来的辛酸。渐渐地，艾薇经常在同学们面前提起李连杰，同学们都知道了李连杰是艾薇的偶像，总是在艾薇面前喊“李连杰，李连杰”，调侃和嘲笑艾薇。艾薇很生气，她不想有人侮辱自己和自己的偶像。

回到家里，艾薇把事情告诉了妈妈。妈妈安抚艾薇：“艾薇，你喜欢哪个男明星是你自己的事情，我认为这是你的隐私，你不应该在班里说。如果你安安静静地追自己的偶像，向他学习不怕吃苦、勇往直前的精神，也就不会出现今天这样的事情啦。”艾薇困惑地说：“很多人都喜欢李连杰，我有什么错呢？”妈妈笑着说：“你当然没有错，但是你无法控制别人对你追星的事情怎么想、怎么评价。前段时间有个女孩疯狂追星，导致她的父亲不堪重负选择自杀，还无辜牵连到那个明星，使他患上心理疾病，这不就是追星

的悲剧吗？所以追星一定要适度，认可和喜欢一个明星不一定要让所有人知道，你觉得呢？”艾薇对妈妈的话似懂非懂，说：“难道追星就要被歧视吗？”妈妈当即回答：“当然不是，追星既不应该被歧视，也无须四处张扬，就像你喜欢吃沙琪玛，未必要让人人都知道一样。”艾薇这才理解了妈妈的意思。

追星当然不丢人，因为喜欢谁或者讨厌谁都是每个人自己的选择，不关他人的事。但是，追星也并不值得四处张扬。因为一旦追星这件事情成为某个范围内的新闻，那么追星的女孩就只能任人评说。事例中妈妈所说的追星事件，就是因为媒体的推波助澜才让事情发展到非常恶劣的地步，最后酿成悲剧。

女孩一定要学会保护自己的隐私，除非自己有强大的心理承受能力，否则不宜把隐私四处公开，很多时候别人的指指点点会让人不堪重负。所以妈妈既要引导女孩拥有积极正向的偶像，也要引导女孩适度控制自己对明星的喜爱和追求。女孩可以将明星看作精神上的寄托和灯塔，或者现实生活中努力的标杆，但不能为了追星放弃自己的生活，唯有保持理智，才能让自己的人生扬帆起航。

④—— 你的美丽，不必依附于明星

除了喜欢李连杰之外，艾薇还喜欢一个女明星，艾薇经常模仿她的穿衣打扮。终于有一次，女明星来到了艾薇所在的城市开演唱会，艾薇央求妈妈为她买了昂贵的门票，好不容易亲眼见到了女明星。演唱会结束后，艾薇没有离开，在剧院门口等了很久，要与女明星合影。看到艾薇深夜还在等候自己，女明星很感动，不仅大方地与艾薇合影，还让工作人员把艾薇送回家。

第二天，艾薇就拿着自己与女明星的合照，在班里四处炫耀。她想：我见到了明星，总没有人笑话我了吧！不想，同学们看到合照，都说是艾薇用电脑合成的，艾薇险些急哭了。看到艾薇着急的样子，她的同桌黄桃说："艾薇，你本来就很美丽，没有必要借着女明星抬高自己。而且你喜欢的女明星别人未必喜欢，又哪里来的共同语言呢？"艾薇觉得黄桃说得很有道理，但是她依然忍不住要模仿女明星，变得越来越爱打扮，总是向妈妈提出各种各样的要求去买衣服和鞋子。艾薇买东西唯一的标准就是那个女明星的同款。

有一次，艾薇吵嚷着要买一件同款连衣裙，妈妈无法接受那昂贵的价格，也不能再容忍艾薇一步步迷失自我，便对艾薇说："孩子，难道你想把自己活成别人的翻版吗？妈妈不反对你追星，但是你这样疯狂追星反而让你迷失了自己。妈妈不得不提醒你，你和那个女明星身材完全不同，女明星身材高挑，衣服穿在她身上是锦上添花，穿在你身上就会暴露你的缺点。妈妈认为，穿合适自己的衣服比明星同款更能衬托你的美丽。"妈妈的一番话让艾薇突然间意识到一个事实，那就是无论自己模仿得多么用心也不可能成为那个女明星。渐渐地，她重新找回了自己，变得越来越真实自然。

青春期女孩总是容易轻信女明星的完美，从未见过女明星生活中的样子的她们，会把女明星看成神一般的存在。在她们心中，女明星回眸一笑百媚生，根本不食人间烟火。实际上，女明星也是普通人，舞台上的光鲜亮丽只是她们工作时的状态。

很多父母因为心疼女孩，总是无条件满足女孩的要求。实际上，这样放纵女孩追求女明星，只会把女孩引入歧途。常言道，凡事皆有度，过犹不及。因此，明智的父母懂得节制，不会无限度地满足女孩的要求。追星也是如此。唯有让女孩意识到每个人都有自己独特的美丽，她们才不会盲目追星，才能成长为最美好的自己。

⑤—— 追星到底应该怎么追

艾薇的朋友陈澄也是一个追星女孩，为了能见到自己的偶像，她经常逃课全国各地追着跑，偶像在哪里开演唱会、签名会，她就跑到哪里去，为此陈澄差点被学校开除。陈澄的爸爸妈妈跑到学校苦苦哀求，再三保证一定会看管好她，学校才答应给陈澄一次留校察看的机会。

然而，陈澄对偶像的迷恋已经到了疯狂的地步。在学校没老实几天就再次逃学，并留了一封信给爸爸妈妈，说她要离家出走，今后跟着偶像去流浪。陈澄的爸爸有心脏病，经受不住女儿这样的折腾，住进了医院。妈妈一边在医院照顾爸爸，一边四处打听陈澄的消息，终于在一个小旅馆里找到了她。此时的陈澄已经花光了身上所有的钱，差点被人赶出来。妈妈抱着陈澄让她回家，谁知陈澄对妈妈喊道：“要想让我回家，除非你们同意我退学，带我去见我的偶像。否则，我就永远不回家。”听到女儿这样的回答，妈妈觉得很无力，流着眼泪说："澄澄，你到底想怎么样啊？为了一个明星，你不上学，不回家，放弃自己的生活。难道你的那个偶像比我跟爸爸还重要吗？你爸爸被你气得心脏病发，现在正躺在医院里。你醒一醒好不好？"

听到爸爸住院的消息，陈澄一怔，印象中像大山一样的爸爸竟然就这样倒下了，她终于清醒了一点，在妈妈的拉扯下回了家。

现实生活中，很多青春期女孩的追星行为已经可以用"疯狂"二字来形容。就像陈澄，为了追星，她不学习，不回家，什么都不做，像走火入魔一样，到处跟着明星跑。原本喜欢和崇拜一个明星是很正常的事情，为什么会发展到如此不可收拾的地步呢？

青春期女孩身心发育并不成熟，她们爱幻想，很容易陷入对心仪男明星的迷恋之中。在这种情况下，妈妈一定要及时发现女孩的异常状态，给予女孩适时的引导。当发现女孩沉迷对男明星的幻想时，妈妈要转移女孩的注意力，让女孩把更多的时间和精力投入于现实生活。虽然明星与我们生活在同一个世界，但是明星的生活环境与普通女孩相距遥远，女孩可以追星，但要把握好尺度，尤其不能混淆现实生活和幻想。否则，女孩非但无法从偶像身上得到积极的正向力量，还会给自己的生活带来困扰，使自己误入歧途。

⑥—— 给偶像最好的礼物是过好自己的生活

回家之后的陈澄收敛了一段时间，每天按时去上课，放学之后偶尔会到医院看望爸爸。爸爸妈妈很欣慰，以为陈澄这次真的懂事了。然而，好景不长，一天下午，正在医院照顾爸爸的妈妈收到一条短信，提示她的银行卡在网上消费了两万元。妈妈很奇怪，银行卡一直放在家里的抽屉里，自己最近也没买东西，哪里来的消费呢？

妈妈赶紧跑回家，找了半天银行卡，终于在陈澄的书桌上找见了。陈澄放学回家后，妈妈叫住她，说："澄澄，你是不是动妈妈的银行卡了？"陈澄低着头，支支吾吾地说不出话。妈妈一看她的神情，就知道了答案，因为除了自己和澄澄爸爸，就只有澄澄知道银行卡的密码了。妈妈问："澄澄，你告诉妈妈，你拿钱干什么了？怎么会花那么多呢？"澄澄不说话，拿起书包就要往外跑，妈妈一把拉住她："澄澄，你要买什么可以告诉妈妈，怎么能偷偷地用妈妈的银行卡呢？你这种行为是非常不对的。”澄澄恼羞成怒，一把甩开妈妈的手，喊道：“我要是说花钱给偶像买礼物，您还会给我花吗？”妈妈吃了一惊：“你给偶像买了什么礼物，要花这么多钱?”“我花的一点都不多，其他人都给偶像买十几万的东西呢！我才花了两万，一点都不多，我还担心偶像嫌弃我的礼物不好呢！”妈妈无法理解澄澄的想法，忍不住对她吼道：“花这么多钱给偶像买礼物，难道你想让咱们这个家倾家荡产吗？两万块钱在你看来不多，却是妈妈四个月的工资，是家里的生活来源。你的偶像要是知道你偷偷拿大人的钱给他买礼物，他还会喜欢你的礼物吗？”澄澄受不了妈妈的指责，拉开门跑了出去。

很多狂热追星的人都恨不得送最好的礼物给偶像，但是，不是昂贵的就是最好的。尤其是对青春期女孩而言，她们的心理状态不够成熟，做事容易冲动，在给偶像送礼物这件事情上，很容易互相攀比，觉得自己送的一定要是最好的，否则就不能表达自己对偶像的喜欢。而且，因为她们年纪小，没有经济来源，很容易就会像事例中的澄澄一样偷偷花父母的钱，进而与父母发生矛盾，甚至养成欺骗、偷窃等不良习惯，使自己走上歧途。

其实，送给偶像最好的礼物就是过好自己的生活。喜欢一个人是让自己努力变得跟他一样优秀，青春期女孩如果能够端正态度，看到偶像身上的闪光点，进而不断提升自己，向着自己的人生目标奋进，就是对偶像的一种回馈。要知道，只有优秀的人才会互相吸引，女孩只有变得优秀，才有可能与优秀的偶像比肩，得到偶像真诚的认可与赞赏。在教养青春期女孩的过程中，妈妈一定要注意观察女孩的心理状况，适度追星不须阻止，如果因为追星而影响了自己的学习与生活，妈妈就必须及时干预，引导女孩回到正常的追星道路上来。